시니어 비즈니스 7가지 발상전환

Seven Paradigm
Shifts in
Thinking about t
he Business of
Aging

# 시니어
# 비즈니스
# 7가지
# 발상전환

무라타 히로유키 지음
신수철 옮김

필맥

# 차례

베이비붐 세대와 시니어세대를 대상으로 하는 비즈니스에 도전하는 기업이 증가하고 있다. 그 이유는 베이비붐 세대의 대량 퇴직이 예상되고 있고 사회의 고령화가 점점 본격화 되고 있기 때문이다. 실제 베이비붐 세대를 타깃으로 한 비즈니스 사례가 최근 여러 해 동안 급증했고, 몇몇 성공사례도 나타나고 있다.

그러나 이러한 제한된 몇몇 성공사례를 제외하면 여선히 고전하는 사례가 많은 것이 현실이다. 현장 매니저와 담당자는 나름대로 상당한 비용과 노력을 들여 열심히 노력하고 있지만, 여러 가지 벽에 부딪쳐 고전하는 일이 자주 발생한다.

왜 이러한 벽에 부딪히는 것일까? 그 이유는 시장의 성격이 변화했음에도 불구하고 비즈니스를 시행하는 당사자가 예전의 생각에서 벗어나지 못하기 때문이다. 무엇보다도 이 점을 먼저 깨달아야 한다. 그리고 종래와는 다른 새로운 비즈니스 방식을 가능한 빨리 받아들여야 한다.

하나의 사업 분야에 도전할 때에는 어떤 식으로든 기존의 비즈니스 모델과 업계 관습 등에 알게 모르게 영향을 받게 마련이다. 경쟁사의 방식을 연구하는 것 자체는 좋지만, 한편으로는 그러한 기존의 사고방식에 젖어 오히려 자유로운 발상을 하지 못하는 함정에 빠지게 된다.

이같이 시야가 좁아지지 않기 위해서는 자신이 목적한 사업 이외의 다른 분야의 움직임에 관심을 가지고 살펴보면서 자신이 목적한 사업과 비교하여 생각해 보는 '수평적인 사고'가 꼭 필요하다. 즉 시니어 비즈니스에서 비약적인 발전을 하기 위해서는 시니어 비즈니스만 주목하고 있어서는 안 된다는 것이다.

나는 탁상공론을 이야기 하는 평론가도 경제학자도 컨설턴트도 아니다. 내가 이 책을 집필한 것은 나 자신이 시니어 비즈니스 분야에서 신규 사업을 기획하고 전개해 나가면서 여러 가지 벽에 부딪쳐 보았기 때문이다. 나는 경험을 통해 얻은 지식을 시니어 비즈니스에 도전하는 사람들에게 전해주어 그들이 발상전환을 할 수 있는 계기를 마련해주고 싶다. 그리고 이 책을 통해 매일매일 악전고투 하고 있는 현장의 담당자들에게 응원을 보내고자 한다.

# 시니어 비즈니스에서 부딪치는 7가지 벽

**머리말**

## 베이비붐 세대의
## 정년퇴직

일본에서는 '2007년 문제'라는 말을 많이 한다. 2007년에 베이비붐 세대(1947~1949년에 태어난 사람)의 최연장자가 60세가 되어 정년퇴직 함으로 인해 발생하는 여러 문제를 일괄하여 '2007년 문제'라고 부른다.

그렇지만 2007년 문제라는 것이 현실화되어 큰 혼란을 일으킬 가능성은 거의 없다. 베이비붐 세대 중 2007년에 60세가 되는 연령층이 한번에 정년퇴직하는 것은 아니기 때문이다.

첫째 정년이 제도적으로 연장됐다. 연금 지급연령을 종래의 60세에서 65세로 올리고 65세까지의 고용계승을 기업에 의무화하는 개정 고령자고용안정법 (고연령자 등의 고용 안정 등에 관한 법률의 일부를 제정한 법률안) 이 2004년 6월에 입법되었다. 이 법률에 의하면 정년을 2006년도에는 62세로 하고, 그 후 단계적으로 올려서 최종적으로는 2013년도에 65세로 한다. 이에 따르면 2007년도에는 기업의 정년 의무연령이 63세로 올라

가기 때문에 2007년에 60세가 되어도 아직 정년은 안 된다.

둘째 조기퇴직이 증가했다. 회사의 구조조정에 의해 퇴직금과 몇 년 치 월급을 받고 조기퇴직 하는 사람이 증가하고 있다. 연공서열에 따른 임금 증가의 영향이 남아있는 기업에서는 중장년 근로자의 임금이 일률적으로 높게 지급되는 경우가 아직 많이 있다. 이러한 기업에서는 조기퇴직을 권장하는 편이라서 정년 전에 조기퇴직 하는 사람이 늘어나고 있다.

한편 이와는 별도로 체력이 있는 한 지금까지의 일과는 다른 분야에 도전하고 싶어 하는 사람도 증가하고 있다. 이러한 사람은 회사의 조기퇴직 제도와는 아무 관계없이 50대 전반에 퇴직하는 사람도 있다.

또 다니던 회사에서 정년퇴직을 한 후 다른 회사에 가서 계속 일하는 사람도 있고 때로는 직접 소규모 회사를 창업하는 사람도 있다. 물론 전처럼 퇴직 후 한가하게 지내는 사람도 있다. 퇴직연령이 다양화되면서, 퇴직 후의 라이프스타일도 점차 다양해지고 있다. 이같이 60세가 되면 바로 정년퇴직을 하고 은퇴한다는 사고는 이미 현실과 맞지 않게 됐다.

셋째 베이비붐 세대에는 여성이 많고 이들은 이미 오래전에 퇴직한 사람이 많다. 따라서 이들 여성에게는 정년퇴직이 따로 없다. 이러한 사실로 미루어볼 때 2007년에 베이비붐 세대가 일제히 정년퇴직 한다는 견해는 지극히 남성 중심적 사고라고 할 수 있다. 이러한 잘못된 관점을 갖게 되는 이유는 기업사회가 기본적으로 남성적 사회이기 때문이다. 최근에 경영간부에 여성이 등장하는 경우도 증가하고 있지만 기업 전체로 본다면 아직 남성적 색채가 강하다. 따라서 베이비붐 세대가 60세가 되면 모두 정년퇴직을 한다는 생각을 갖게 되기 쉬운 것이다.

참고로 베이비붐 세대보다 위의 연령에서는 항상 여성의 수가 남성의 수보다 훨씬 많다. 여성이 보통 더 오래 살기 때문이다.

이상의 세 가지 이유에서 베이비붐 세대가 2007년에 일제히 정년퇴직 한다는 것은 잘못된 관념이다. 베이비붐 세대에서도 빠른 사람은 2007년 이전에 퇴직하고 늦은 사람은 2007년 이후에 퇴직하는 것이다. 결국 '2007년 문제'란 실제로는 '2010년 문제'도 되고 '2005년 문제'도 되는 것이다. 바꾸어 말하면 '2007년 문제'는 이미 시작되었던 것이다.

## 베이비붐 세대에 대한 오해

2007년 문제의 오해가 생겨난 배경에는 '베이비붐 세대는 커다란 하나의 집단'이라는 고정관념이 뿌리 깊게 자리 잡고 있다.

일본에서 베이비붐 세대[1]의 명칭인 단카이(團塊) 세대라는

---

[1]_베이비붐 세대라는 말은 일반적으로 1차 베이비붐 세대와 동의어로 사용되며, 좁은 의미로는 1947년부터 1949년까지 3년 동안 태어난 매년 약 270만 명, 합계 806만 명을 지칭한다. 넓은 의미로는 1945년부터 1952년까지 태어난 사람들을 가리킨다. 말하자면 종전 직후 몇 년 동안 태어난 사람들이다. 이 세대는 일본의 경제성장기에 주도적인 역할을 한 세대로 알려져 있다.
— *옮긴이 주.* 이 책의 각주는 모두 옮긴이 주이다.

말은 사카이야 다이이치(堺屋太一)가 단카이 세대라고 이름 붙인 저서가 베스트셀러가 된 이후 정식 명칭으로 굳어졌다. 해당 연대의 인구가 다른 연대의 인구에 비해 많기 때문에 시장의 볼륨 존으로 보일 수도 있다.

그러나 경제성숙기인 현대에 와서는 단지 베이비붐 세대라는 것만으로 당연히 시장의 볼륨 존으로 되지는 않는다. 고도성장기와 현대의 시장은 성격이 크게 다르기 때문이다. 베이비붐 세대에 속한 개인의 소비행동은 매우 다양하고, 다양한 미세 시장들이 모여 베이비붐 세대의 시장을 형성한다는 점에서 고도성장기의 베이비붐 세대의 시장과 크게 다르다.

생활수준이 낮았던 고도성장기에는 많은 사람이 비슷한 수입으로 비슷한 주택에 살며 비슷한 자동차를 타고 회사보유의 휴양소로 여행을 가는 그런 생활 스타일을 가지고 있었다. 이 때문에 베이비붐 세대의 시장은 마치 '단일한 매스마켓'처럼 보였다. 베이비붐 세대로 불리게 된 시기에는 그 시대를 상징하는 말로서 적절했다.

그런데 광범위하게 일반화된 이 말도 생활수준이 높아진 지금에 와서는 현실과 맞지 않게 됐다. 물론 베이비붐 세대로 불리는 1947~1949년 사이에 태어난 세대가 지금도 많이 존재하고 있는 것은 사실이다. 그러나 다른 세대와 비교하여 인구가 많다는 것과 그 세대의 사람들이 유사한 소비행동을 갖고 있다는 것은 다른 것이다. 이 점을 혼동해서는 안 된다.

고객을 '한 묶음'으로 취급하는 자세는 고도성장기의 산물이다. 그리고 고도성장기의 성공체험 때문에 거기서 벗어나지 못하는 경영자도 많다. 그러나 그와 같은 사고방식은 다양한 특성을 보이는 현재의 베이비붐 세대의 성격과는 맞지 않는다.

## 시니어 비즈니스에서 부딪치는 7가지 벽

이처럼 베이비붐 세대의 시장 성격은 변화했는데도 불구하고, 많은 기업의 시니어 비즈니스가 구태를 벗어나지 못하고 있기 때문에 시니어 비즈니스의 현장에서 다음과 같은 '벽'에 부딪혀 고전하는 경우가 많다.

**1**_면밀한 시장 조사를 해도 고객의 요구가 파악되지 않는

　'시장 조사의 벽'

**2**_애써 확보한 손님이 실제 고객으로 되지 않는

　'고객 개척의 벽'

**3**_모처럼 좋은 상품을 만들어도 생각만큼 팔리지 않는

　'상품 영업의 벽'

**4**_시니어세대를 겨냥한 상품이 팔리지 않는

　'상품 개발의 벽'

**5**_회원제 서비스에 가입한 회원을 계속 유지시킬 수 없는

　'고객 유지의 벽'

**6**_많은 예산을 투입해도 수익이 오르지 않는

  '수익 향상의 벽'

**7**_신규 사업을 시작할 때 사내에서 부딪치는

  '신규 사업의 벽'


고전하는 사례의 공통된 특징은 몇 가지의 벽에 동시에 부딪친다는 것이다. 특히 자주 문제가 되는 것이 일곱 번째의 신규 사업을 시작할 때 사내에서 부딪치는 '신규 사업의 벽'이다. 이것은 시니어 비즈니스만의 문제는 아니다. 기존의 수익사업이 돌아가고 있는 중에 신규 사업을 시작하려고 할 때면 언제나 발생하는 조직 내의 마찰이다.

특히 고도성장기에 수익구조가 좋았던 기존의 조직이 '다양성 시장'인 시니어세대의 시장에서 신규 사업에 뛰어들 경우 이러한 마찰이 일어나기 쉽다.

요약하면 시니어 비즈니스의 현장에서 부딪치는 벽은 시장의 다양성에서 발생하는 벽과 그러한 시장에 유연하게 대응하지 못하는 조직의 벽이다. 이러한 벽에 부딪치는 가장 큰 이유는 지금까지의 성공체험과 과거의 습관이 조직을 구성하는 사람들 사이에 뿌리 깊게 남아 있기 때문이다.

따라서 이 벽을 넘기 위해서는 과거의 관습에 사로잡히지 않는 새로운 비즈니스의 방법이 필요하다. 그러한 발상전환의 요점을 다음의 장에서부터 차례로 얘기하고자 한다.

# 1장
# 시장 조사의 벽

시장 조사에 의존하지 마라

'디지털 분석'에서 '아날로그 직감'으로

## 면밀히 시장 조사를 해도 고객의 요구가
## 파악되지 않는다

시니어 시장에 뛰어든 기업담당자에게서 반드시 받는 질문 중 하나는 시니어세대가 무엇을 필요로 하는지 알고 싶다는 것이다. 그리고 그 답을 얻기 위해 그들은 빈번히 시장 조사를 한다.

시장 조사의 방법으로 이제까지 가장 많이 사용했던 것이 설문지를 통한 조사이다. 그러나 설문지를 통한 시장 조사는 많은 시간과 노력이 들고, 게다가 비용도 많이 든다. 그래서 최근에는 인터넷을 활용한 설문조사가 늘어나고 있다. 인터넷 설문조사는 설문지 방식에 드는 시간과 노력을 대폭 단축시킨다. 이 때문에 일반기업뿐 아니라 최근에는 대형 신문사에서도 시장 조사에 인터넷 설문조사를 활용하는 사례가 증가하고 있다. 인터넷 설문조사는 싼 비용으로 시장 조사를 하고자 하는 기업의 요구에 딱 들어맞아 인기 있는 시장 조사의 방법으로 자리를 잡았다.

그런데 기업의 현장에서는 인터넷 설문조사의 조사 결과가

실제로 상품의 개발과 기존상품의 개선에 어느 정도의 역할을
하고 있는지에 대해 의문을 갖는 담당자가 의외로 많다. 면밀한
설문조사에 기초하여 개발된 상품이 실제로는 팔리지 않는 경
우가 많기 때문이다.

어째서 그런가? 가장 큰 이유는 인터넷 설문조사라는 방법
에 구조적인 한계가 있기 때문이다. 인터넷 설문조사는 설문조
사를 인터넷에서 행하는 것이다. 따라서 인터넷 설문조사에는
'설문조사 그 자체의 한계'와 '인터넷 조사의 한계'가 같이 발
생한다.

다음에서 이 두 가지의 경우를 차례로 생각해 보자.


## 설 문 조 사 의
## 한 계

설문조사라는 수법은 설문이 응답자의 사실관계 확인에 한정
한다면 응답자가 허위의 회답을 하지 않는 한 유용하다. 가령
성별, 주소, 나이, 생년월일, 자격 유무 등을 묻는 경우이다.

그런데 경험하지 않은 내용에 대하여 '희망'과 '의향'을 묻는
질문의 경우에는 그 회답의 신빙성이 현저히 떨어진다. 가령 45
세부터 60세까지의 모집단에게 "당신은 해외에 몇 개월 간 장
기 체류를 해보고 싶은 생각이 있으십니까?" 혹은 "노후를 어
떻게 보내고 싶으십니까?" 등을 묻는 설문의 경우이다.

응답자는 자신이 경험하지 않은 상품 서비스에 대하여는 실

감이 나지 않기 때문에 명확한 가치기준을 가질 수 없다. 이 때문에 응답에 대한 필요성이 희박하게 되기 쉽고, 응답한 내용의 신빙성도 낮아진다.

예를 들면 앞의 모집단에 "노후는 전원생활과 도시생활 중 어느 곳을 희망하십니까?"라고 질문을 할 경우 회답의 신빙성이 떨어지는 이유는 아직 노후에 들어서지 않은 사람에게 노후의 생활을 묻고 있다는 점에 있다. 자신의 노후를 상상할 수 없는 사람에게 노후에 자신이 어떠할 것인가를 물어봤자 명확한 답을 얻을 수 없다. 이 같은 경우 응답자는 귀찮으니까 적당히 쓰고 끝내버리려고 한다. 이러한 이유 때문에 경험하지 않은 것에 대한 설문의 경우 설문조사 결과의 신빙성이 떨어진다.

한편 설문내용이 지금까지 자신이 경험한 것이라도 응답할 때의 상태나 자신의 생각에 맞는 적당한 표현이 없는 경우 답을 선택하기 어렵기 때문에 응답내용의 신빙성이 떨어진다. 가령 "당신은 어떤 기분일 때 음악을 듣고 싶습니까?"라는 설문에 대한 선택안이

(1) 기분전환을 하고 싶을 때

(2) 즐거운 기분일 때

(3) 기분이 저조할 때

(4) 마음을 진정시키고 싶을 때

(5) 활기를 되찾고 싶을 때

이렇게 다섯 가지라고 할 때, 당신은 일의 마감이 다가오는데 일이 순조롭게 되어가지 않는 상황이라면 무엇을 선택할 것인가? 아마 (5)번을 선택하는 경우가 많겠지만 (1)을 선택하는 사람도 적지 않을 것이다. 기분이 우울하다면 (3)을 선택하는 사람도 있을 것이다. 그리고 어느 것도 자신의 상태와 맞지 않는다고 판단되면 답을 적어넣지 않고 건너뛰는 사람도 있을 것이다.

이것은 실제로 어떤 홈페이지에 공개된 설문조사의 예이지만 설문조사의 응답내용은 답안에 의해 신빙성이 크게 변화하는 성질을 갖고 있다. 그 외에도 설문문장과 설문 전체의 문맥에 의해서도 응답내용은 영향을 받게 된다.

가령 설문이 진행됨에 따라 응답자의 문제의식을 끌어내어 설문 주제에 대한 관심이 깊어지고 응답의욕이 솟아나게 하는 설문 디자인이 있는 반면, 설문내용이 응답자의 문제의식보다도 수준이 낮아 응답의욕을 완전히 꺾어놓는 설문 디자인도 있다. 애석하게도 내가 아는 설문조사의 거의 대부분은 후자이다.

설문조사에 응답하는 일은 일반적으로 즐거운 것은 아니다. 가능하면 최소한으로 끝마치고 싶은 종류의 작업이다. 이 때문에 설문의 개수와 답변의 용이성이 회답내용의 신빙성에 영향을 준다. 하나의 주제에 대해 너무 많은 질문을 해대면 대개의 경우 응답자는 도중에 대답하기를 아주 귀찮아하게 된다. 또 자유로이 답변할 수 있는 기입란에 답변이 적혀있는 경우는 거의 없다.

설문조사의 이러한 특징을 이해하지 못하기 때문에 본래 얻어야 할 중요한 정보를 뻔히 알면서 잃어버리는 예는 일일이 열거할 필요도 없다.

응답내용의 신빙성이 떨어지는 또 하나의 이유는 '회답할 때의 심리상태'에 크게 영향을 받기 때문이다. 예를 들어 앞과 같은 질문 "당신은 해외에 수 개월간 장기체류를 하고 싶으십니까?"의 경우 같은 응답자라도 해외의 장기체류에 관해 즐거운 체험담의 기사를 읽고 장기체류의 기대감을 갖고 있을 때의 응답과 해외에 장기체류를 하고 있는 사람이 사건에 휩쓸린 뉴스를 들은 직후의 응답은 다를 수 있다.

이러한 것이 일어나는 이유는 우리들의 사고과정에 무의식이 작용하기 때문이다. 우리들은 상품과 서비스를 살 때의 의사결정을 자신의 의지대로 한다고 생각한다.

그런데 최근의 뇌과학의 연구에 의하면 사람의 사고과정의 대략 95퍼센트는 무의식 중에 일어나는 것으로 밝혀졌다. 우리들은 의식적인 의사결정에 기초하여 행동하는 것처럼 생각하지만 실제로는 무의식적인 행동이 의식보다도 훨씬 앞선 단계에서 일어나는 것이다.

때문에 설문의 응답내용과 실제의 구매활동이 일치하지 않는 일도 빈번하게 일어난다. 설문에는 "가격이 40만 엔까지라면 장기체류를 해도 좋다"고 응답하고서도, 실제 설명회에 나가서는 40만 엔 이하의 여행상품도 구입하지 않는 일이 일어난다. 설문에 응답할 때와 설명회에 참석할 때의 심리상태가 어떤 이유 때문인지 달라졌기 때문이다.

## 인터넷 조사의 한계

인터넷 조사의 한계는 세 가지가 있다. 첫째, 아날로그 정보가 빠진 점, 둘째 입력 인터페이스가 장애로 되기 쉬운 점 셋째, 모집단이 특정 성향을 갖기 쉽다는 점이다.

우선 아날로그 정보의 결여에 대해 살펴보자. 설문지의 경우 자유기입란 등에 직접 기입한 답변이 의외로 정보가치가 높다. 직접 기입한 답변이 가치가 있는 것은 글자의 굵기와 기입 방법, 필적 등의 정보가 포함되어 있기 때문이다. 이들 정보에서 입력자가 답변을 쓰고 있을 때의 심경과 분위기가 전달된다.

이에 반해 인터넷 설문의 응답에서는 이러한 아날로그 정보는 전혀 포함되지 않는다. 나는 강연이나 세미나의 강사로 초청되었을 때 수강자의 설문지를 보여달라고 요청한다. 설문조사에서 강사에게 제일 유용한 것은 직접 쓴 코멘트 부분이다.

가령 "오늘 강연은 유익했습니까?"라는 설문에 대해서 "매우 유익했다, 그럭저럭 유익했다, 그다지 유익하지 않았다, 전혀 유익하지 않았다"는 선택 안은 대개 있다. 그런데 그 설문 후에 "왜 그렇습니까?" 라는 이유를 묻고 자유기입란을 만들어 놓은 예는 매우 드물다.

그러나 바로 이러한 자유기입란에서 수강자의 의견이 나오기 쉽고 수강자의 만족도가 투영되어 보인다. 따라서 손수 기입한 답변이 없는 설문조사는 그 가치가 3분의 1 이하로 떨어진다.

둘째 입력 인터페이스에 대해 살펴보자. 수년 전에 비해 지금은 60대 이상의 네티즌 비율이 많이 증가했다. 그런데 자판에서 입력하기보다 손으로 기입하는 것을 선호하는 사람이 여전히 많다. 자판 입력 인터페이스가 전보다 많이 개선됐다고는 하지만 아직도 사용하기 어려운 면이 있기 때문이다. 따라서 중장년층은 자유기입란에 입력하기를 귀찮아하고, 그 칸에 답을 써 넣는 비율이 낮아지는 경향이 있다.

셋째 모집단의 성향에 대해 살펴보자. 인터넷 설문조사를 자주 사용하고 있는 조사회사에서는 응답자의 속성을 명확히 하기 위해서 미리 회원의 프로필을 등록하고 있다. 그래서 조사 주제에 따라 회원을 선별해 응답자에게 약간의 사례를 지불하는 식으로 모집단을 확보하는 방법을 흔히 사용한다.

그런데 이러한 방식에는 몇 가지 측면에서 모집단이 어떤 성향을 갖기 쉬운 결점이 있다. 우선 주제의 내용에 따라서는 모집단의 수 그 자체가 적게 되어 통계학상의 '대수(大數)의 법칙'[2]을 전제한 조사가 불가능한 경우가 있다. 또 응답에 대한 사례가 동기로 되는 경우가 많기 때문에 응답내용의 신빙성이

저하되기 쉽다. 조사자와 응답자가 일종의 공모 상태로 되어 응답자가 "다른 설문조사처럼 적당히 답변하면 되겠지." 하는 자세로 임하기 쉽기 때문이다.

또, 두 번째 이유에서 설명한 대로 인터넷 조사의 모집단에서는 자판 입력과 컴퓨터 이용에 저항감이 적은 사람이 많다. 이것도 모집단이 특정 성향을 갖게 될 가능성을 의미한다.

인터넷 설문조사에 관련된 지금까지의 이야기는 인터넷 설문조사라는 방법론 그 자체를 근본적으로 부정하는 것같이 들릴지도 모르지만 그렇지는 않다. 앞에서도 말했지만 현상의 사실관계를 확인한다는 면에서 응답자가 진실을 기입하는 한, 신빙성은 보증된다. 설문조사 이외에도 그룹 인터뷰나 포커스그룹 등 모든 시장 조사 수법에는 각기 적용한계가 있다. 이러한 것은 전문 조사자라면 충분히 이해할 것이다.

## 고 객 의  잠 재 요 구 는  고 객  자 신 도
## 깨 닫 지  못 한 다

워크맨이라는 상품이 개발된 과정과 관련된 유명한 에피소드가 있다.

1976년 당시 소니의 회장이었던 모리타 아키오(盛田昭夫)는

---

**2**_대수(大數)의 법칙: 통계용어로 대수관찰, 대량관찰의 결과 나온 통계는 동일한 사정에 있는 다른 경우에도 거의 적용된다는 것. 이를 테면 대수관찰에 의해 매년 인구 천 명 당 8명이 죽는다면 내년에도 내후년에도 같은 비율로 사람이 죽으리라는 것을 알 수 있다.

스키장에서 들려나오는 음악이 도무지 마음에 들지 않았다. 그는 자신이 좋아하는 곡을 들으면서 스키를 타고 싶다는 생각을 가지고 있었다. 이런 발상이 발전해 휴대용 재생전용 테이프레코더라는 상품 콘셉트가 만들어졌다.

모리타 회장이 소니 설계진에게 그 콘셉트의 상품화를 처음 타진했을 때, "그런 상품은 작아서 만들 수 없다" "일단 만들어도 그런 상품은 특수해서 팔리지 않는다"라는 반응이 나왔다. 그러나 끈질긴 설득 끝에 실패한 경우 모리타 회장이 책임을 진다는 조건으로 상품화에 들어갔다. 그런데 판매하자마자 폭발적인 대히트를 치고 소니의 명성을 한 단계 높이는 결과를 낳았다. 워크맨 1세대인 나는 워크맨을 처음 들었을 때 소형인데도 음질이 좋은 것에 놀랐던 기억이 지금도 선명하다.

이 에피소드가 우리들에게 시사하는 점은 혁신적인 히트 상품의 아이디어라는 것은 시장 조사에서 생겨나지 않는다는 것이다.

소니가 워크맨을 상품화하기 전에 워크맨과 같은 것을 상품화한 것이 있었을까? 워크맨 이전에 워크맨은 없었던 것이다. 그러나 워크맨이라는 상품이 구체적으로 눈앞에 출현하니까 "이러한 것을 갖고 싶었다"라고 말하는 사람이 많이 나타났다. 결국 이러한 상품에 대한 요구는 많은 소비자 중에 잠재적으로 존재한 것이었지만 그 요구를 소비자 측에서 구체적으로 현재화시킨 것은 아니었다는 것이다. 소비자는 그러한 요구의 존재에 주의를 기울이지 않기 때문이다.

따라서 표면적인 의식 수준의 정보밖에 파악할 수 없는 인터넷 설문조사와 그룹인터뷰를 아무리 면밀히 해도 혁신적인 히트 상품의 아이디어는 생겨나지 않는 것이다.

## 미덥지 못한 시장 조사를 구태여 진행하는 진짜 이유

머리말에서 이야기했듯이 고도성장기에 비해 지금은 시장의 성격은 크게 변했지만, 시장을 이해하기 위한 조사방법은 달라진 것이 없다. 왜 기업의 담당자는 신뢰도가 낮은 이러한 방법에 의지하려고 할까? 그 이유는 기업이 실시하는 시장 조사의 목적은 시장 조사 그 자체가 아니기 때문이다.

대개의 경우 시장 조사는 사내에서 사업화 계획에 대한 품의를 통과시키기 위한 절차의례인 경우가 많다. 신규 사업에 진출하는 경우 경영자가 담당자에게 시장에 관한 정량화된 데이터를 요구하는 경향이 강하기 때문이다.

마케팅 전문가인 하버드 비즈니스 스쿨의 로히트 디슈판드(Rohit Deshpande) 교수는 "시장 조사의 80퍼센트 이상은 새로운 가능성을 시도해보거나 발전시키기 위한 것이 아니라 이미 내려진 결론을 강화하기 위해서 사용된다"고 했다.

기업에서 신규 사업계획을 경영진에게 승인 받고, 예산을 획득하기 위해서는 사업계획서의 설득력이 필요하다. 그 중요한 설득력이 시장 조사의 정량 데이터인 경우가 많다. 일반적으로 기업에는 시장예측 등이 정량 데이터로 표시돼야 안심하는 문화가 있기 때문이다. 따라서 사내 인사들을 설득하기 위해서는 데이터의 신빙성보다도 정량 데이터라는 것과 데이터를 작성한 조사회사 등의 이름이 중요하게 된다. "유명한 △△ 컨설팅회사의 ○○이 이렇게 말했다"고 권위를 부여함으로써 사업계획을 사내에서 승인 받기가 쉬워지는 것이다.

또한 사업이 목적한 대로 되지 않는 경우에도 "유명한 컨설팅회사의 ○○이 말한 대로 했습니다만……"이라고 하면서 그 책임을 전가할 수 있는 장점도 있다.

외부의 권위가 사내에서 편리한 잣대로 활용되는 것이다. 그런데 사업을 시작하여 상품 개발과 마케팅 정보로 활용하려고 하는 순간, 앞에서 말한 이유로 정량 데이터는 제 역할을 하지 못하는 경우가 많다.

## 고객의 잠재 요구를 파악하는 실마리는 아날로그 정보에 있다

그러면 인터넷 설문조사에 의뢰하지 않고 고객의 잠재요구를 파악하기 위해서는 어떻게 할 것인가? 그 실마리는 고객에 관한 아날로그 정보의 활용에 있다.

고객만족도 1위를 달리는 미국의 고급백화점 노드스트롬(Nordstrom)은 판매사원에게 회사에서 '고객 노트'를 지급한다. 예전에는 종이 노트를 지급하였지만 지금은 컴퓨터 시스템 상의 노트이다. 거기에 고객성명, 주소, 전화번호, 신용카드 번호, 사이즈, 지난번 구입품, 선호 브랜드, 기호, 특별주문, 어울리는 스타일, 구매 시기 등의 고객 특징을 기록한다. 컴퓨터를 사용하고 있지만 입력하는 정보는 대면 접객에서 얻은 고객의 전체 이미지에 관한 아날로그 정보이다. 판매사원은 리스트에 기록되어 있는 고객의 선호와 특징에서, 새로 입고된 상품은 누구와 맞을 것인가를 생각하여 그 고객에게 전화나 편지로 신상품 정보를 알려준다. 고객한테 정보를 보내는 것도 전화와 손으로 쓴 편지라는 아날로그 형태의 정보 제공 스타일이다.

또 샌프란시스코 교외에 있는 하이테크 커넥트(High Tech Connect)라는 인재 파견 회사에서는 200개 이상의 기업으로부터 의뢰를 받아 1500명 이상의 등록 회원 중에서 최적의 인재 후보를 선별하는 작업을 한다. 이 회사는 데이터베이스의 숫자에 의지하는 것이 아니라 한 인간에 대한 '평가'에 근거해 인재를 관리한다(물론 관리용 데이터베이스는 사용한다). 그 때문에 거래처로부터 클레임을 받는 일이 거의 없다. 미스매치가 거의 없기 때문이다.

하이테크 커넥트의 경우에도 중요한 것은 인재를 필요로 하고 있는 기업과 등록되어 있는 인재의 아날로그 정보를 활용한다는 데에 있다.

한편 50대 여성을 타깃으로 하는 뉴리그의 〈이키이키(生生)〉

라는 직판 잡지가 있다. 2005년 10월 현재 41만부를 발행한다. 중고령층을 겨냥한 잡지는 40여 종류가 발행되고 있지만 10만 부 이상 발행되는 것은 〈이키이키〉와 쇼각칸(小學館)의 〈사라이〉 뿐이다. 〈사라이〉의 경우에는 서점을 통한 판매가 25만 부를 차지하고 게다가 독자층이 중고령층에만 한정된 것은 아니라는 점을 고려하면 〈이키이키〉가 얼마나 대단한 잡지인지 알 수 있다.

〈이키이키〉가 이런 지위에 오르게 된 비결은 역시 아날로그 정보의 활용에 있다. 매월 발행되는 〈이키이키〉에는 독자가 의견을 적어 보낼 수 있도록 '의견엽서'가 들어있다. 이 의견엽서가 매월 5천 매 이상 배달된다. 이와는 별도로 독자가 직접 손으로 써서 보내는 편지도 많다. 이 의견엽서는 질문에 대해 독자가 선택한 답과 직접 기입한 간단한 의견으로 구성되어 있다.

이 의견엽서에 대하여 뉴리그의 구로사카(黑坂勉) 사장은 다음과 같이 이야기하였다.

"선택한 답안과 편지 메시지는 데이터베이스에 저장되고 수치로서의 경향성을 보여줍니다. 그러나 중요한 것은 독자로부터 밀려드는 짧은 편지 메시지를 항상 머릿속에 입력시켜 두는 것입니다."

실제로 뉴리그는 독자가 보내준 매월 5천 매 이상의 메시지를 편집부 직원 전원이 눈으로 보고 머릿속에 넣어 둔다. 구로

사카 사장에 의하면 뛰어난 기획담당자는 자신의 기획을 중심으로 독자의 목소리가 위성처럼 빙글빙글 돌면서 둘러싸고 있는 상태를 만드는 것이다.

이와 같이 기획담당자와 독자가 동화되는 지적 환경이 만들어지는 배경에는 〈이키이키〉는 단순한 잡지가 아니라 독자를 향한 '편지'라는 콘셉트가 중요한 역할을 담당한다. 잡지는 일방통행하기 쉽지만 편지는 양방향성을 가지고 있어서 받으면 답장을 하는 것이 예의이다. 독자의 편지를 중시하고 독자에게 유익한 정보를 피드백하고 있는 것이다. 이러한 과정을 통해 다른 잡지가 따라올 수 없는 독특한 지면 구성이 이루어진다.

한편 뉴리그에는 의견엽서 이외에도 고객의 아날로그 정보를 수집하는 조직이 있다. 그 하나가 콜센터인데 콜센터에는 구독신청을 받는 일과는 별개로 독자와 직접 상담을 하는 100명의 전화상담원이 있다. 여기에서 파악된 독자의 목소리도 편집부로 전달된다. 그중에는 편집부에서 직접 독자에게 응답하는 것도 있다.

또 하나의 지적할 만한 사항은 뉴리그의 사원은 독자와 만나기 위해서라면 국내외 어디든 가도 좋다는 규칙을 사내에 두고 있다는 점이다. 독자와 돈독한 관계를 맺기 위해서라면 예산을 아끼지 않는 이 자세야말로 진실로 고객 중심주의라고 할 수 있다. 41만 명이라는 독자를 갖게 된 것이 결코 기적이 아니라는 것을 알 수 있다.

## 필요한 것은 고객에 관한 전체 정보를
## 아는 것

고객의 잠재요구를 파악하려면 고객의 '전체 정보'를 아는 것이 꼭 필요하다. 그런데 인터넷 설문조사에서 입수할 수 있는 고객의 정보는 극히 표면적이어서 그 수준의 정보를 아무리 데이터베이스로 축적해도 정보의 가치는 높아지지 않는다. 고객의 전체 정보가 없기 때문이다.

미국의 마케터, 루이스 카본(Lewis Carbone)의 저서 《클루드인 *Clued In*》에 의하면 에이비스(Avis) 렌터카는 허츠(Hertz), 내셔널(National) 등과의 경쟁이 격화된 1990년대 후반에 그때까지 회사가 표준으로 한 고객만족의 기준을 재검토했다. 그러기 위해 에이비스는 렌터카를 빌린 고객이 어떠한 체험을 하고 있는가를 조사했다.

고객의 손목시계와 옷에 소형 카메라를 부착하고 렌터카의 카운터와 반납장소에 모니터 카메라와 녹음기기를 설치하여 고객 얼굴 표정의 변화, 목소리 억양의 변화, 사용하는 언어의 변화, 몸짓의 변화 등을 조사했다.

조사 결과 그때까지 에이비스가 고객만족도 향상을 위하여 유효하다고 생각했던 것과 실제로 고객이 렌터카를 빌릴 때 원하는 것이 크게 다르다는 점을 알게 되었다. 에이비스는 렌터카의 우수함이나 장비의 편리성 등을 중시한 반면 고객이 중시한 것은 여행에 수반되는 여러 가지의 스트레스와 불안을 제거하는 것이었다. 가령 렌터카를 빌릴 때 행선지까지 최적의 루트를 확인하는 일과 렌터카를 반환할 때 비행기를 탑승하는 곳까지의 이동시간이 어느 정도 걸리는가를 파악하는 것이 스트레스 중의 하나였다.

이 점에 착안해 에이비스는 렌터카를 빌리는 곳에 인터넷을 설치해 행선지까지 가는 길을 안내받을 수 있게 했고 렌터카 반납장소에는 인근 공항의 비행기 출발시간과 게이트 번호를 표시하는 모니터를 설치하였다. 이런 노력 덕분에 에이비스의 고객 만족도는 업계 1위가 됐다.

에이비스의 예가 보여주는 것은 고객의 전체 정보 중에서도 표정, 음성 등 아날로그 정보의 중요성이다. 고객의 잠재요구를 파악하기 위해서 조사회사에게 시장 조사를 의뢰할 것이 아니라 고객의 전체 정보를 직접 입수하는 것이 절대적으로 필요하다.

고객의 육성, 표정, 몸짓, 엽서에 쓴 자필사연 등의 아날로그 정보를 중시하고 그것을 활용하는 경험을 축적함으로써 고객의 전체상을 직감적으로 알 수 있게 되는 것이다.

## 아날로그 정보에서 고객의 기분을 읽어내기 위해 필요한 것

프랑스의 퐁피두센터 신관의 설계자로 선발된 건축가인 게이오 대학 반시게루(坂茂) 교수의 말이 흥미가 있어 소개한다.

컴퓨터의 발달은 건축의 진화에는 별다른 역할을 하지 못한다. 오히려 해가 된다. 물론 나도 의사소통을 위한 통신수단으로 전자메일 등을 사용한다. 그러나 좋은 건축을 짓는 데는 아무 도움도 되지 못한다. 수치화 하게 되면 숫자에 의존하게 되고 CAD(컴퓨터를 이용한 설계장치)를 사용하게 되면 선을 그으면서 사고를 하는 일을 할 수 없게 된다. 컴퓨터를 사용하여 정보를 축적하면 단지 정보를 한 군데 모아놓는 것에 불과하게 되어 교육면에서도 그다지 좋은 영향을 주지 못한다. 우리는 물론 CAD를 사용하고는 있지만 신참들에게는 연필로 도면을 그리게 한다. 선을 그리는 사이에 여러 가지 생각이 떠오르기 때문이다.

그의 지적은 기업의 담당자가 발로 뛰고 몸으로 부딪치며 파악하는 것이 아니라 인터넷 설문조사로 손쉽게 고객의 정량 데이터를 입수하여 고객의 요구를 파악한 것처럼 착각하는 것에 대한 경종으로도 들린다.

"파리에 일류 예술가들이 모이는 이유는 무엇인가? 그곳에 일류 그림이 있기 때문이다."라는 유명한 말이 있다. 일류의 예술가는 처음부터 일류인 것은 아니다. 일류의 그림과 조각을 많이 봄으로써 감성이 풍부해져서 일류로 성장하는 것이다. 반시게루 교수는 이런 말도 했다.

"좋은 건축물을 만들기 위해서는 전 세계의 좋은 건축물들을 많이 보아야 한다. 경험하는 것이다. 사람들한테서 많은 말을 듣는 것도 필요하다. 듣고 받아들이고 이해하고 반응한다. 그것이 균형 있게 이루어지는 것이 중요하다."

자신의 감성을 기르는 데는 스스로 좋은 것을 보고 듣고 감동하는 체험을 여러 차례 경험하는 것 이외에는 왕도가 없다. 고객으로부터 받은 코멘트의 행간을 읽어내고 느끼는 힘을 기르기 위해서는 조사업체나 컨설팅회사에 의존할 것이 아니라 담당자 자신이 고객과 직접 부딪치는 것이 가장 좋다.

# 2장
# 고객 개척의 벽

상품을 팔려고 하지 마라

'상품'에서 '상품체험'으로

적지 않은 기업이 상당수의 시니어 고객을 포함한 방대한 고객 데이터베이스를 보유하고 있다. 은행이나 신용카드 회사가 보유하고 있는 고객 데이터베이스는 수백만 명에 달한다. 또 여행사에는 지금까지 여행사가 주최한 여행에 참가한 몇 십만 명의 리스트가 남아 있다. 또한 회원제 리조트 클럽에도 광고를 보고 문의하고 자료를 청구한 수천 명의 리스트가 있다.

그런데 이러한 고객 데이터베이스에는 성명과 약간의 데이터가 등록되어 있을 뿐 실제의 고객으로는 되지 않고 그저 '손님'에 머무르는 경우가 많다. 어떻게 하면 이런 손님을 실구매 고객으로 만들 수 있을까?

일본에서 시니어 사업의 성공사례로 자주 소개되는 클럽 투어리즘의 방식은 좋은 예이다. 클럽 투어리즘은 본래 긴키(近畿) 일본 투어리스트의 클럽 투어리즘 사업본부가 중고령자를 겨냥해 만들어낸 사업이다. 클럽 투어리즘은 어떻게 하여 중고령층 고객을 확보했을까?

우선 긴키 일본 투어리스트는 자사의 여행상품을 이용한 고객 데이터베이스를 여행 예약자의 데이터베이스와는 별도로 정리했다. '한번 이용한 고객을 다시 이용하게 한다'는 것을 목적으로 한 것이고, 현재 클럽 투어리즘 사업이념의 기초로 되어있다.

다음으로 데이터베이스에 등록된 고객에게 〈여행의 벗〉을 무료로 배포했다. 〈여행의 벗〉은 한 권이 200쪽 정도 되는 B5판 크기의 여행 카탈로그이다. 이 〈여행의 벗〉에는 통상적인 여행상품만이 아니라 "마음의 여행" "산책" 등의 테마로 구별된 여행정보를 게재하고 있으며, 현재 월 1회 390만 세대에 배포하고 있다. 여행 대리점은 일반적으로 여행객 획득을 위해 방대한 팸플릿을 작성한다. 〈여행의 벗〉은 이러한 팸플릿을 테마가 있는 스타일로 구성하고 동료 만들기 정보 등을 더하여 정보지 형식의 카탈로그로 발전시켰고 단순한 패키지형의 여행에 만족했던 중고령층의 관심을 끌기 위한 내용을 첨가했다. 돈을 들이고도 장래성 있는 고객에게 읽힐 확률이 낮은 형식적인 팸플릿을 작성하는 것보다 내용을 충실히 하고 타깃을 좁혀 장래성 있는 고객에게 배포하는 쪽이 영업효율이 좋을 것이다.

분명히 클럽 투어리즘의 방법은 훌륭하지만 월 1회 390만 세대에 B5판 200쪽 정도의 잡지를 무료로 배포한다는 것은 상당한 자금력을 필요로 한다. 따라서 이러한 승부가 불가능한 기업은 다른 방법을 강구해야 한다.

1장에서도 말했듯이 고객의 잠재요구는 고객 자신도 모르는 경우가 많다. 그렇기 때문에 고객에게 내재되어 있는 요구를 파악하여 그 상품을 필요하게 느끼도록 고객의 심적 상태의 변화를 촉발시키는 계기가 필요하다.

## 체 험  경 제 의
## 시 대

파인(B.J.Pine)과 길모어(J.H.Gilmore)는 《체험 경제 *The Experience Economy*》에서 고객의 '체험'이라는 새로운 경제 가치를 제창했다. 이 책에 의하면 고객에게 가치는 (1)원료 (2)제품 (3)서비스 (4)체험의 순으로 높아진다.

가령 커피 한 잔에 해당하는 원두는 원료 가격이 1~2센트에 불과하다. 그렇지만 원두를 갈아 포장해 매장에 진열해 팔면 5~25센트에 팔린다. 그 원두를 사용해 만든 커피는 레스토랑이나 커피숍에서 한 잔에 50센트에서 1달러에 판매된다. 더구나 같은 커피라도 고급 레스토랑이나 고급 커피숍에서는 고객이 한 잔에 2~5달러를 지불한다. 주문하고 기다리고 마시는 일이 특별한 분위기와 고급스러운 실내 장식이 된 곳에서 이루어지기 때문이다.

현대는 재화가 풍족한 시대이고, 기업들은 경쟁상품을 모방하여 서로 비슷하게 닮아간다. 따라서 상품차별화의 유예기간이 점차 짧아지고 그 결과 최종적으로 가격경쟁에 빠지게 된다.

앞에서 언급한 패키지 투어 상품은 이미 심한 가격경쟁 상태에 놓여 있다. 이러한 경쟁에서 탈피하기 위한 하나의 수단이 체험이라는 경제 가치에 중심을 둔 체험 비즈니스이다.

디즈니랜드 같은 놀이공원을 보자. 그곳에서는 화려한 퍼레이드나 특별공연을 개별 상품으로 팔지는 않는다. 색다른 공간에서 기분 좋고 즐거운 체험을 하는 것이 고객에게 가치로 되는 것이다.


## 체험 비즈니스의
## 실제

스타벅스도 체험 비즈니스의 좋은 예이다. 1971년 미국 시애틀의 부둣가에 처음으로 스타벅스가 개점했을 때, 스타벅스는 단순히 커피원두 판매점이었다. 현재의 하워드 슐츠(Howard Schultz) 회장이 스타벅스에 들어간 것은 1982년이었다. 그 다음해 그는 이탈리아로 여행을 갔다.

그곳에서 그의 눈을 사로잡았던 것은 이탈리아 구석구석에 있는 에스프레소 바였다. 이탈리아 원두커피의 강렬한 향이 가득한 가게 안에서 사람들이 에스프레소를 마시면서 담소를 즐기는 것이었다.

그러한 기분 좋은 느낌을 미국의 커피숍에서 체험해본 적이 없다고 생각한 그는 이 이탈리아 풍의 에스프레소 바를 미국인 취향에 맞게 바꾸자는 생각을 하게 되었다. 이것이 깊은 맛의 커피를 파는 스타벅스의 시작이었다. 이렇게 하여 단순히 '커피원두를 파는' 매장에서 '맛있는 커피를 파는' 매장으로 진화하였다. 이것이 첫 번째 도약이었다.

한편 사회학자인 레이 올든버그(Ray Oldenburg)는 《위대한 장소 *The Great Good Place*》에서 가정(제1의 장소)도 직장(제2의 장소)도 아닌 '제3의 장소'가 사회적으로 중요한 기능을 담당하고 있다는 것을 지적했다. 슐츠 회장은 올든버그의 이 생각에 힌트를 얻어 미국인에게 '제3의 장소'를 제공하는 것을 서비스 콘셉트로 하여 느긋하게 대화를 즐길 수 있는 공간을 지닌 매장으로 탈바꿈하였다. 그때까지 스타벅스는 서서 마시는 곳이었다. 그러나 새로운 전략이 적중하여 현재의 스타벅스 스타일로 된 것이다. '맛있는 커피를 파는' 매장에서 '맛있는 커피 체험을 파는 매장'으로 진화한 것이다. 이것이 두 번째 진화이다.

그 후 대형서점 반스앤노블(Barnes & Noble)과 제휴하여 '서점 내의 책을 자유롭게 읽는 카페'를 전 미국에 전개하여 서점을 방문하는 고객을 커피숍으로 끌어 들였다. 더욱이 무선 랜을 매장에 설치하여 모바일 사용자를 새로운 고객층으로 끌어 들였다. 이러한 과정들을 통해 '맛있는 커피 체험을 파는' 매장에서 '맛있는 커피를 수반한 기분 좋은 체험을 파는' 매장으로 더욱 진화했다.

이같이 커피를 원료로서가 아니라 기분 좋은 체험으로서 제공하게 됨으로써 더욱 여러 가지 변화가 일어난다. 스타벅스에서 커피를 체험한 사람은 스타벅스 매장에서 팔고 있는 커피원두를 사게 될 것이다. 게다가 커피 체험이 없는 매장에서 파는 커피원 두보다 훨씬 비싼 가격으로 팔리게 된다. 또 스타벅스에 있는 샌드위치의 가격은 편의점보다 훨씬 비싸지만 고객은 사간다. 커피 체험이 있다는 것이 그 장소의 가치를 높이기 때문이다.

## 베이비붐 세대를 겨냥한
## 체험 비즈니스

스타벅스의 고객층은 베이비붐 세대에 한정된 것은 아니다. 베이비붐 세대를 겨냥한 체험사업의 예를 들어보자. 템푸르(Tempur)라는 스웨덴 회사가 있다. 나사(NASA, 미국항공우주국)의 아메스 연구센터(Ames Research Center)에서 우주선 좌석용으로 개발된 소재를 활용하여 베개, 매트리스, 쿠션 등의 제품을 제조하는 회사이다. 수면용구 전문제조사이지만 얼마 전까지는 일반인들에게는 잘 알려지지 않은 회사였다. 그러나 최근 쾌적한 수면용품에 대한 관심이 높아지면서 널리 알려지기 시작했다. 템푸르사 제품의 판매수법이 바로 체험사업이다.

전부터 몇몇 대형 백화점에는 13분간 상품설명을 들으면서 템푸르사의 이동식 침대와 베개를 시험 사용해볼 수 있는 부스가 설치돼 있었다. 불과 13분 써보고 잠을 푹 잘 수 있는지 제대로 알 수는 없다. 그렇지만 소재의 질감을 피부로 직접 느끼면서 베개와 침대의 품질을 확인하는 정도는 가능하다. 한 백화점

에서는 불과 20평 정도의 매장에서 월 매출이 2천만 엔을 넘어
선 곳도 있었다.

템푸르 베개가 특별히 잘 팔리게 된 것은 호텔 투숙자들의 평
가가 좋아서 많은 호텔에서 표준 베개로 채용했기 때문이다. 바
쁜 비즈니스맨이 출장 중에 피곤한 몸으로 침대에 들었을 때 편
안한 베개가 있다면 깊은 인상을 받을 것이다. 호텔 측은 "이 베
개는 어떤 베개입니까?" "얼마면 살 수 있습니까?" 라는 문의
를 특히 중고령층의 투숙객들로부터 많이 받았다.

베개를 팔 때 단순히 베개라는 상품만 파는 것이 아니라 그
베개를 사용했던 쾌적한 수면 체험을 함께 제공하고 있는 것이
다. 결국 '매장에서의 베개 판매'에서 '호텔에서의 쾌적한 수면
체험의 제공'으로 판매방식이 진화한 것이다. 베개뿐 아니라 쾌
적한 수면용품은 모두 체험형 제품이라고 말할 수 있다. 그렇기
때문에 이들의 상품을 판매하려면 이러한 상품을 이용한 '쾌적
한 수면 체험'을 판매하는 것이 가장 중요하다.

## 고객이 사는 것은 '상품'이 아니라 '상품체험'

다른 예로 '가카이로(花回廊)'라는 한 음식점을 들 수 있다. 이
곳은 인기 있는 플로리스트 가리야자키(假屋崎省吾) 씨가 운영
하고 있는 중고령층 여성에게 인기 있는 레스토랑이다. 내점객
의 90퍼센트 이상이 여성이고 대부분 50대 이상의 여성이다.

3500엔의 가카이로 코스가 중심이지만 점심한정 메뉴로 2000엔의 가카이로 도시락이라는 것도 있다. 가리야자키 씨가 생화로 만든 오브제가 배치된 공간에서 와인부터 시작되는 코스 메뉴를 즐길 수 있다. 전체적으로 고급 프랑스 레스토랑과 같은 분위기이다. 음식은 스시를 중심으로 한 가이세키 요리다. 한 사람의 양은 여성에게 약간 적은 듯하지만, 접시에 보기 좋게 담겨 있어서 먹기가 아까울 정도이다.

긴자(銀座)와 아카사카(赤坂) 등의 시내에도 스시 가이세키는 얼마든지 있다. 그러나 유명한 플로리스트가 생화로 장식한 공간에서 먹는 멋진 스시 가이세키는 보이는 것 이상으로 멋있어서 더욱 맛있게 느껴진다.

이 음식점에서는 단지 음식만 제공하는 것이 아니라 음식과 함께 생화로 장식된 멋진 공간체험을 제공하고 있다. 결국 단순한 '스시 가이세키 판매'에서 '멋진 생화로 장식한 공간에서 스시 가이세키를 먹는 체험의 제공'으로 판매방식이 진화한 것이다.

이런 판매방식 덕분에 단순히 스시 가이세키를 판매할 때보다 단가가 높아도 팔리는 것이다. 또 레스토랑의 인근에는 생화교실을 열어 멋진 스시 가이세키를 체험한 것을 계기로 생화교실로 고객을 유치하는 상승효과도 생겨났다.

한편 시가(滋賀) 현 오오츠(大津) 시에 있는 인기 친환경 레스토랑 '블루베리 필즈 기이고쿠야(紀伊國屋)'도 유사한 예이다. 이 레스토랑은 그 이름 그대로 무농약 유기재배로 생산한 블루베리와 허브를 사용한 잼과 홍차 등을 판매하면서 그 밭에서 재배하고 있는 야채를 활용한 친환경 음식을 풀코스로 제공하는 멋진 가게이다. 장소는 오오츠 시 교외의 약간 높은 경사지에 있고 레스토랑은 점심만 제공한다. 2층으로 지어진 건물 중, 1층은 자체에서 재배한 소맥을 사용하여 구운 빵과 블루베리, 허브, 장미로 만든 잼, 홍차 등을 판매하는 가게이고, 2층이 레스토랑이다. 점심의 가격은 세금포함 3675엔, 5250엔의 두 종류. 내점객 대부분이 중고령층 여성이다.

레스토랑은 테이블이 6개밖에 안 되는 작은 규모지만 방갈로 풍의 인테리어와 좋은 목재로 만든 테이블, 천정, 벽 등으로 자연의 분위기를 자아내고 있다. 게다가 자리에 앉으면 한 쪽 벽면의 커다란 유리창을 통해 블루베리 밭을 볼 수 있고 멀리 호수까지 어우러져 색다른 정취를 느낄 수 있다.

이런 분위기에서 여성이 좋아할 만한 메뉴들만 나온다. 사용하고 있는 재료는 모두 직접 재배한 무농약 유기농재료이고 식기도 탐이 날 정도로 예쁜 것들을 사용한다. 이 레스토랑에서 식사를 하는 즐거움을 누리기 위해 멀리 도쿄에서 오는 중고령층 여성들이 많다.

이 레스토랑은 유기농 재료를 사용한 요리를 파는 곳이지만 단순히 유기농 재료로 만든 요리만 제공하는 것이 아니라, 유기농 음식을 즐겁게 먹으면서 인테리어와 전망 좋은 공간체험을 제공한다. 고객들은 레스토랑에서 식사를 즐긴 후에 1층 점포에서 빵을 사고 블루베리 잼을 산다. 이런 상품들이 일반 슈퍼마켓에 진열되어 있다면 아마 비싸다고 여길지도 모른다. 그렇지만 블루베리 필즈라는 공간에서는 그 상품들이 다소 비싸더라도 사고 싶은 마음이 드는 것이다.

이 같이 색다른 공간과 음식점을 결합시키는 형태는 미국에도 많이 있다. 텍사스 휴스턴에 본부가 있는 레인포리스트 카페(Rainforest Cafe)는 열대우림 정글 같은 공간에서 여러 가지 종류의 요리를 즐기는 곳이다. 요리의 종류와 식공간과의 직접적인 연관성은 없지만 특별한 식사체험을 할 수 있다.

이러한 체험사업의 사례에서 우리들이 배워야 하는 것은 무엇일까? 그것은 고객에게 상품체험의 가치가 높아지게 되면 상품의 가치도 높아진다는 것이다. 결국 상품의 가격이 디소 높아도 팔리게 된다. 그리고 상품은 먹거나 사용하면 없어지지만, 상품체험은 사람의 마음에 오랫동안 남아 있게 된다. 따라서 상품을 팔고 싶다면 상품체험을 팔아야 한다.

## 상품체험을 판 다음에는
## 구매체험을 판다

상품체험을 판 다음에는 무엇을 해야 할까? 중장기적으로 보면 백화점이나 쇼핑몰에서 나란히 있는 물건은 점차 닮아간다(그것이 불가능한 것은 도태된다). 그래서 백화점이나 쇼핑몰에서 차별화의 초점은 고객이 그곳에서 어떤 구매체험을 하는지에 있다. 따라서 어떠한 상품이 갖추어져 있느냐 뿐만 아니라 상품을 살 때에 어떠한 공간에서 어떠한 체험을 하였는가가 중요하게 된다.

근래에 도심의 재개발이 이어지고 있다. 2002년 9월 마루(丸) 빌딩, 10월 시오도메(汐留), 2003년 4월 록본기(六本木) 힐즈, 2004년 3월 코래드 니혼바시(日本橋) 등이 그 대표적인 것이다. 그러나 어느 재개발지역에 가도 쇼핑 매장과 레스토랑의 분위기가 어딘지 모르게 비슷한 느낌이다.

어느 곳에서도 공통적인 것은 빌딩이 상가 중심으로 되어 있는 것이다. 이것이 인공적인 '폐쇄감'을 느끼게 만든다. 물론 시오도메와 록본기 빌딩에는 옥외공간도 있지만, 천정이 설치되어 있어 아쉽게도 햇빛이 충분히 들어오지 않는다. 또 록본기 힐즈는 정중앙에 있는 록본기 힐즈 타운이라는 거대한 건물이 주위에 커다란 위압감을 주고 있고 주변 광장도 그다지 개방적인 느낌이 아니다.

날씨에 좌우되지 않는 경제성을 유지하기 위해 옥외에도 고정된 지붕을 만들어 소위 '전천후형'으로 만드는 예가 일본에는 많이 있다. 도쿄 다마(多摩) 시에 있는 산리오 퓨로랜드[3]가 대표적인데 아무리 상쾌하고 맑은 날에도 테마파크 내부가 어

---

**3**_산리오 퓨로랜드(Sanrio Puroland)는 헬로우키티와 케로피 캐릭터로 유명한 일본 산리오사가 개발한 테마 공원이다.

둡고 답답한 느낌이 든다. 그런데 멀리 해외로 눈을 돌리면 '전천후형'이 아니어도 기후 변화에 유연하게 대응하여 대성공한 예가 있다.

보스턴 중심부에 있는 퀸시 마켓(Quincy Market)이 그것이다. 퀸시 마켓은 19세기에 사용되었던 창고를 개조한 쇼핑몰이다. 퀸시 마켓과 사우스 마켓, 노스 마켓의 세 건물을 합하여 파뉴일홀(Faneuil Hall) 마켓플레이스라고 한다.

퀸시 마켓에는 레스토랑과 패스트푸드 등 음식점이 모여 있고 노스 마켓과 사우스 마켓에는 푸딩, 악세서리 숍, 인테리어 숍 등 125개의 작은 가게들이 모여 있다. 이들 중에는 브랜드 상품과 같은 고급품은 많지 않고 보스턴다운 물품이 많다. 퀸시라는 이름은 보스턴의 명예시장이었던 조사이어 퀸시(Josiah Quincy)에서 따온 것이다.

퀸시 마켓이 있는 부두 주변은 오래전에는 해변이었고 한때 하역장으로 번창하였으나, 매립 후에는 우범지역으로 되었다. 그 후 1964년부터 재개발사업에 의해 지금은 보스턴에서 가장 활기 있는 장소로 되살아났다. 미국 동부 해안에서 가장 활기찬 장소로서 방문객 수가 디즈니랜드보다 많다고 알려져 있다.

## 인기의 비밀은 개방 공간의 효과적인 활용

퀸시 마켓의 인기 비밀은 다음 3가지 '개방 공간'의 효과적인 활용에 있다.

첫 번째는 상가빌딩 사이의 보도를 활용한 것이다. 보도는 아스팔트가 아니라 보스턴 스타일의 돌을 깔았고, 천천히 산책할 수 있도록 디자인되어 있다. 또 주변에는 느티나무 등이 나란히 심어져 있고 곳곳에 벤치와 휴식 공간이 설치되어 식사를 할 수도 있다. 한편 상가빌딩 안에서도 나무그늘과 사람이 왕래하는 모습 등 바깥 풍경을 바라보는 것이 가능하여 느긋한 기분을 맛볼 수 있다.

두 번째는 상가빌딩 양 끝에 있는 광장을 활용한 것이다. 여기에서는 예술가들이 뛰어난 예술을 발표하여 많은 관객을 모으고 활기를 만들어내고 있다. 여기에서 연주하는 예술인은 보스턴 시의 허가를 받은 당당한 프로들이다. 공공장소인 광장에서 이루어지는 공연은 이러한 '품질관리'가 중요하다. 품질이 높은 공연은 장소를 풍성하게 하고 그것에 의해 집객효과를 거둘 수 있기 때문이다.

세 번째는 차양을 활용한 것이다. 거의 4층으로 지어진 상가빌딩의 1층에는 반드시 차양이 설치돼 있어서 점포와 통로 사이에서 '중간지대' 역할을 한다. 카페에서는 맑은 날에는 통로에까지 테이블을 펼쳐놓고, 비가 오는 날에는 차양 아래까지만 설치하는 식으로 날씨에 따라 테이블 설치를 유연하게 조정하여 개방적인 느낌을 준다.

이런 개방적인 분위기 때문에 젊은 사람부터 노인까지 많은 사람이 자주 방문한다. 한 인기 카페에서 식사를 하고 있는 77세의 여성은 "여기는 모두가 개방되어 있어서 기분이 좋습니다. 여기에 앉아서 다른 사람을 바라보는 것이 즐거움이죠."라고 말했다.

이 말을 들으면서 나는 파리에 갔던 일본인 관광객이 제일 즐거운 것의 하나로 '길거리에 접한 오픈 카페에서 물끄러미 사람을 쳐다보는 것'이라고 말했던 기억이 떠올랐다. 개방공간을 사용한 원조는 유럽이다. 그러고 보니 보스턴 주변지역의 명칭도 '뉴잉글랜드'이다.

이 컨셉트는 일본에도 오래전부터 있었다. 대표적인 예가 우에노의 '아메요코'4이다. 이곳에서는 맑은 날에는 차양 대신 텐트로 지붕을 꾸민 테이블을 도로에 내놓는다. 거꾸로 비가 오는 날에는 텐트를 접고 점포 안의 테이블만 운영한다.

건축기술의 발달로 도심부에는 고층빌딩이 급증하고 있다. 가격이 높은 토지를 효과적으로 이용하기 위해서이다. 그러나 보스턴과 같이 토지 가격이 높은 곳에서도 개방적인 분위기를 잘 활용하여 고층화하지 않는 방법으로 고효율의 사업이 실현되고 있는 것이다. 또한 아메요코 같은 일본 거리문화에서도 퀸시 마켓에서 보이는 활기찬 구조와 공통점이 보인다.

이제 개발담당자들도 눈을 높여 폐쇄적인 도시일수록 개방

---

4_우리나라의 남대문 시장과 같은 일본 최대의 재래시장.

적인 장소로 만들 필요가 있다. 개방적인 분위기에서의 구매체
험이 고객에게 가치로 되는 것이다.

## 체험 비즈니스의
## 과제

지금까지 '상품을 판다'에서 '상품체험을 판다'로, 더욱이 '구
매체험을 판다'로 판매방식이 진화하였다는 이야기를 했다. 그
리고 진화의 배경에는 '체험'이 고객에게 중요한 가치가 되는
'체험 비즈니스'의 흐름이 있다고 이야기했다.

그러나 이 체험 비즈니스에도 과제가 있다. 그것은 체험이라
는 가치는 '형태가 없다'는 것이다. 즉, 체험하지 못하면 그 가
치가 고객에게 납득되지 않는다는 것이다. 그렇기 때문에 예상
고객이 어떻게든 체험의 장까지 나오게 하여 상품체험을 느끼
게 해야 한다.

따라서 마케팅 활동에서 상품 규격의 설명보다 어떤 상품체
험이 가능한지를 잠재 고객에게 적절하게 전달하는 것이 중요
하다. 그러면 형태가 보이지 않는 상품체험을 잠재고객에게 효
과적으로 알리기 위해서는 어떻게 하는 것이 좋을 것인가?

하나의 방법은 '상품가치의 유사체험'이다. 다시 말하면 상
품을 체험하지 못한 사람에게 상품을 '유사하게 체험하도록 하
는 것이다.

나가노(長野) 현 오부세(小布施)에 있는 헤이마쓰(平松) 과

일농장(http://www.obuse-apple.com)은 나가노 현에 흔히 있는 사과 생산농가이다. 이 농장은 일본 인터넷 통신판매 사이트 인기순위에서 과일 부문 1위인 인기 쇼핑몰을 운영하고 있다.

홈페이지를 보면 우선 선도가 좋아 보이는 사과 사진이 눈에 들어온다. 외관만이 아니라 반으로 잘라 사과 속의 상태를 알 수 있는 사진도 있다. 또한 생산자의 사진과 함께 여러 종류의 사과가 자라고 있는 모습이 거의 매일 업데이트되고 있다. 이것 외에도 사과를 테마로 한 '애플미술관'이 있다, 사과를 좋아하는 사람이 촬영한 사진을 공개하는 '사과 사진 콘테스트'등 사과를 둘러싼 화제를 여러 가지 재미있는 방법으로 소개하고 있다.

그러나 무엇보다도 설득력이 있는 것이 '고객으로부터의 편지 코너'이다. 여기에는 헤이마쓰 과일농장에서 인터넷 판내로 산 사과를 먹은 고객의 체험담이 게재되어 있다.

"역시, 가까운 슈퍼에서 구입한 사과보다 산지에서 구입한 사과가 맛있다."

"한입 딱 베어 물고 '그래, 바로 이 맛이야'라고 생각하며 혼자서 빙그레 웃었습니다. 할아버지도 웃으셨습니다." (헤이마쓰 과일농장 홈페이지에서)


## 상품체험으로 상품가치를 알게 된 소비자는 틀림없이 고객이 된다

체험자의 살아있는 목소리를 읽고 있으면, 사과를 먹고 정말 맛

있다, 좋다, 즐겁고 기쁘다는 기분이 솔직하게 전달된다. 이런 글을 읽고 있으면 시험 삼아 한번 사볼까 하는 생각이 든다.

그런 기분이 드는 데는 물론 사과의 품질이 좋기도 하고 가격이 적당한 이유도 있지만 무엇보다도 주어지는 정보 전체에서 전해오는 판매자의 '인간미 넘치는 성실함'이 결정적인 영향을 미친다. 한번 구입하여 먹어보면 실제로 기대 이상으로 맛있기 때문에 만족하고 다시 주문하게 된다.

이렇게 여러 번 주문하다 보면 처음에는 비싸서 구입할 엄두를 못 내던 상품도 한번 주문해보자는 생각이 든다. 이런 변화는 판매자가 고객에게 기대 이상의 상품체험을 계속 제공함으로써 신뢰감이 높아져서 생겨나는 극히 자연스러운 현상이다. 이같이 상품체험에서 상품가치를 납득한 손님은 당연히 단골고객이 된다.

또 하나의 방법은 잠재고객에게 인센티브를 제공하는 것이다. 무언가의 인센티브로 상품체험의 장으로 오는 턱을 낮추어 상품체험의 장으로 장래성 있는 고객을 끌어당기는 것이다.

최근 우리 집 근처에 바비큐 레스토랑이 개점했다. 나는 고기를 좋아하지 않아 나와는 관계없는 것으로 생각했다. 그런데 가족이 가고 싶다고 하여 가보게 되었다.

가보니까 감동의 연속이었다. 고기의 질, 양, 맛, 식탁에서의 기분, 디저트, 식당 내부의 배치 그리고 상품의 가격……. 대단히 만족한 우리들은 또 가기로 하였다. 그 식당에서의 체험과 체험의 장이라는 무대 만들기에 대한 그 식당의 노력에 감동했기 때문이다.

우리들을 그 식당에 가게 만든 것은 한 장의 광고지에 들어있던 전 품목 20퍼센트 할인쿠폰이었다. 이만큼 할인한다면 식당 측의 이익은 적을 것이다. 그렇지만 그 식당은 할인해준 만큼의 비용을 들여 예상 고객 4명을 고정고객으로 변화시킨 것이다.

## 성공을 좌우하는 것은
## 경영자의 마음 자세

형태가 보이지 않는 상품체험은 형태가 보이는 상품보다 팔기 어려워 보인다. 그러나 전술한 바와 같이 상품의 성질에 적합한 홍보방법을 연구해 효과적으로 상품가치를 전달할 수 있다.

체험 비즈니스에 뛰어들기 위해서는 '적절한 홍보'와 '대담한 할인'이라는 실천이 불가결하다. 장래성 있는 고객이 상품체험의 가치를 느끼고 재구매하는 고객으로 수지를 맞추기까지는 당분간 적자가 계속될 것이다.

그러나 신규고객을 개척하고자 생각한다면 실천을 계속하는 '인내'가 필요하다. 인내를 각오하지 않고 안이하게 체험 비즈니스에 뛰어든다면 성공하기 어려울 것이다. 체험 비즈니스에서 성공할 수 있는가는 결국 그 기업의 인내력에 달려 있다. 그것은 궁극적으로 그 기업 '경영자'의 인내력과 그릇의 크기라는 것이다.

# 3장
## 상품 영업의 벽

상품에 반한 소비자가 입소문을 내준다

'소비자'에서 '전달지'로

## 좋은 제품을 만들어도 생각만큼 팔리지 않는다

"좋은 상품이라고 생각했는데 좀처럼 팔리지 않는다."

"이 상품은 정말 자신 있게 만들었는데 전혀 팔리지 않는다. 도대체 무엇이 문제인가?"

상품 개발 담당자로부터 이런 상담을 자주 받는다. 그런데 이 '좋은 상품'이라는 것이 관건이다. 잘 들어 보면 어떠한 점에서 '좋은 상품'인지 애매하고, 상품 개발자가 임의로 '좋은 상품'이라고 생각하고 있는 경우가 많다.

한편 확실히 상품의 품질과 디자인은 훌륭하지만 다른 여러 가지 이유로 생각만큼 팔리지 않는 경우도 있다. 이러한 상품의 경우, 상품 영업의 벽에 부닥친 것이다. 시니어 시장에서 이러한 '상품 영업의 벽'으로서 자주 보이는 것은 다음의 세 가지이다.

**1**_고객이 이용하지 않는 매체에 상품정보를 홍보한다.

**2**_고객이 접근하기 어려운 유통망에 상품을 유통시킨다.

**3**_고객의 마음에 닿지 않는 상품이미지를 홍보한다.


지금부터 이 세 가지에 대하여 상세하게 이야기해 보자.

## 고객이 이용하지 않는 매체에 상품정보를 홍보한다

첫 번째로 타깃 고객이 그다지 이용하지 않는 매체에다 상품정보를 홍보하는 경우이다. 어떤 출판사가 50대 이상을 고객으로 하는 월간지를 발행했다. 이미 말했듯이 이 분야에서는 뉴리그의 〈이키이키〉라는 선두주자가 있다. 이것을 참고하여 지면구성도 비슷하게 하고 판매방식도 서점배포가 아닌 직접판매를 했다. 그러나 구독자가 잘 늘지 않아 발행한 지 2년도 되지 않아 폐간했다.

어디에 실패의 원인이 있었을까? 지면구성과 직접 판매는 선구자에게 배운 것이지만 타깃 고객에게 홍보하는 방법이 크게 달랐던 것이다. 〈이키이키〉는 타깃 독자층인 50~60대가 서적과 잡지를 구매할 때 흔히 참조하는 전국지의 전면 혹은 2면에 광고를 냈지만, 그 출판사의 경우는 이러한 광고를 거의 하지 않았다. 전국지의 광고는 비용이 많이 들기 때문에 예산을 그만큼 투입하지 않았을 것이다. 어중간하게 베끼는 것으로는 선두주자를 절대로 따라잡을 수 없다.

이것과 마찬가지로 상품에 관한 홍보를 타깃 고객이 이용하지 않는 매체에 내보내는 예가 많이 있다. 특히 정보전달 채널로서 인터넷이 과신되는 경향이 있다.

수년 전에 인터넷을 이용하여 중고령층의 이사중개 서비스를 시작한 회사가 있었다. 60세 이상을 타깃으로 했지만, 그 연령층의 인터넷 이용자가 적고 고객이 늘지 않아 영업개시 1년도 못 되어 폐업을 하게 되었다. 또 다른 대기업이 중고령 자동차 이용자를 겨냥하여 인터넷으로만 제공하는 정보 서비스를 시작했지만 이용자가 모이지 않아 좌절한 예도 있다.

이들의 경우 서비스 내용이 그 시점의 시대의 흐름보다 앞섰던 면도 있지만, 60대 이상을 타깃으로 하는 경우 인터넷으로만 서비스를 제공하고 게다가 인터넷에만 홍보해서는 타깃 층에 정보가 전달되기 어려운 것이 현실이었다.

한편 어떤 메이커가 당뇨병 예비군을 타깃으로 하여 간단한 도구를 사용하여 집에서 간단하게 생활습관 병을 진단할 수 있는 서비스를 시작했다. 그러나 아쉽게도 그 서비스를 이용하는 사람이 거의 늘어나지 않아 1년 안에 사업을 접을 수밖에 없었다. 이 경우도 역시 인터넷으로만 홍보를 해서 타깃 고객층에는 거의 알려지지 않았던 것이다.

50~60대의 인터넷 이용자는 예전에 비해서 현격히 증가하였다. 그렇기 때문에 인터넷에서의 서비스 제공도 무언가를 할 수 있다고 생각할지도 모른다. 그러나 그 사람이 인터넷을 사용하기 때문에 상품 정보도 인터넷에서만 입수하는 것은 아니다.

## 고객이 접근하기 어려운 유통망에
## 상품을 유통시킨다

두 번째로, 모처럼 좋은 상품도 고객이 접근하기 어려운 유통망에 배포되어 상품의 존재를 알리지 못하는 경우이다.

예를 들면, 세콤이 개발한 '코코세콤'은 전용 단말기를 사람이나 애완동물 몸에 부착시키고 이들의 위치정보를 수신인에게 전화 혹은 컴퓨터, 휴대전화로 알려주는 서비스이다. 긴급통보 서비스와 긴급출동 서비스도 있어서 외출이 잦은 고령자와 인지장애의 사람이 외출할 때 가족의 불안을 해소시켜주는 뛰어난 제품이다.

그런데 이러한 새로운 타입의 상품인 경우, 기존의 유통채널의 어느 곳에 유통시키는 것이 적절한기의 판단이 쉽지 않다. 백화점 매장에 둘 경우, 기존의 매장 중에 딱 맞는 매장이 없기 때문에 이런 저런 매장에 '곁다리 붙어' 진열되는 경우가 많다. 또 고객의 입장에서도 코코세콤과 같은 상품이 어느 매장에 있는지 알 수 없기 때문에 점점 더 고객의 눈에 띄기 어려운 구조로 되는 것이다. 이 같은 '상품과 유통 채널과의 미스매치'에 기인한 상품 영업의 벽도 자주 나타난다.


## 고객의 마음에 닿지 않는 상품이미지를
## 홍보한다

세 번째는 좋은 상품이고 고객이 이용하는 매체에 홍보는 했지만, 고객의 마음에 닿지 않는 제품이미지를 홍보하는 경우이다.

수년 전에 어느 화장품 회사가 새로 개발한 제품이 '50대 여성 전용 화장품'이라며 대대적인 광고를 했다. 텔레비전, 신문, 잡지 등의 미디어는 그 때까지 없었던 획기적인 상품이라면서 입을 모아 칭찬했다. 그런데 정작 타깃 고객인 50대 여성에게 받아들여지지 않아서 상품의 판매가 저조했다.

'50대 전용'으로 좋은 평가를 받았지만, 실 연령보다도 젊게 보이고 싶은 생각이 있는 50대 여성에게 거꾸로 마이너스 이미지를 주게 되었던 것이 받아들여지지 못했던 이유이다.

한편 알리코 저팬(Alico Japan)의 '하이레마스'라는 보험상품은 '50세부터 80세까지'의 사람도 가입할 수 있다는 것을 전면에 내세워 히트 상품이 되었다. 히트의 이유는 이제까지 80세에 가까운 사람이 가입할 수 있는 생명보험 상품이 없었기 때문이다. 중장년이 품고 있는 불안 중에서 가장 많은 것이 노후 생활자금의 부족 등의 '경제 불안'이다. 그 불안을 해소하는 상품임을 홍보한 것이 성공의 이유이다.

이같이 중고령층을 타깃으로 한 상품의 경우 '50대 전용' '60대 이상 전용'등 연령층에 호소하는 상품이미지를 광고할 경우에 세심한 주의가 필요하다. 특정한 연령층을 겨냥하는 상품과 광고 선전에서 연령을 표시하는 것의 긍정적 측면과 부정적 측면을 신중하게 평가할 필요가 있다.

## 상품명에 '건강'이 들어갔다고
## 꼭 팔리는 것은 아니다

경제 불안과 함께 중장년층이 안고 있는 또 다른 불안은 건강 불안이다. 이 때문인지 중장년층은 건강의식이 높기 때문에 상품명에 '건강'이라는 말을 넣으면 잘 팔리리라고 생각하는 사람이 상품제공자 측에 많이 있는 것 같다. 그러데 건강이라는 말이 갖는 이미지는 상품과 서비스의 성격에 따라 긍정적 영향도 미칠 수 있고 부정적 영향도 미칠 수 있음에 주의할 필요가 있다.

가령 가오(花王)의 '건강에코나'는 정면으로 건강이라는 말을 상품명에 넣어서 히트한 예이다. 편의점의 도시락과 반찬 등에도 '중고령층 전용 도시락'으로 표기를 하여 '건강에 좋은 도시락'이라고 강조한 점이 중고령층의 구매를 자극하여 높은 매출로 이어졌다.

한편 어느 회사가 개발한 중고령층 전용 피트니스 시설에서는 시설 명칭에 건강이라는 단어를 넣어 고객확보에 크게 고전하였다. 건강이라는 단어가 시설명칭에 들어간 것이 도리어 고령자 전용의 따분한 시설이라는 인상을 주어 외면당했던 것이다. 지금은 상호에서 건강이라는 말을 빼버렸다.

전에 통산성(현 경제산업성)이 퇴직금과 연금으로 노후를 해외에서 보내는 '시니어 컬럼비아 계획'이라는 것을 제창한 적이 있다. 민간기업과 함께 해외에 일본인 전용 퇴직자 촌을 만든다는 것으로 스페인의 유명 리조트 코스타델솔[5] 등에 건설 계획을 세웠다.

그러나 이 계획은 국내외로부터 심한 비판을 받고 실행이 중지되었다. 비판의 내용은 "일본은 자동차와 하이테크 기기뿐 아니라 노인까지도 수출하는가?" "일본인 외에는 이용하지 못하는 배타적인 시설을 왜 건설하는가?"라는 것이었다. 물론 계획 자체에 허점도 있었지만 국가 주도의 서비스라는 점에서 실제 이상으로 여러 가지 억측을 불러일으킨 면이 있었다. 이러한 비판을 수용하여 계획을 수정하여 설립된 것이 '롱스테이 재단'이다. 이후 롱스테이라는 영어는 호감을 주는 말로 일반에 정착되었다.

이들의 사례에서 이해할 수 있듯이 같은 말이라도 그것을 누가 어떠한 상품과 서비스명으로 사용하는가에 의해 수용하는 측의 이미지가 크게 달라지는 것이다.

## 제공자와 이용자 사이의 각종 미스매치를 줄여라

이상에서 언급한 것이 시니어시장에서 자주 보이는 '상품 영업의 벽'이다. 이런 벽에 부딪치는 근본원인은 상품과 서비스의

---

**5**_ 스페인 남쪽 지중해에 접해 있는 그라나다 남부의 모토릴에서 지브롤터 해협의 타리파까지 약 300킬로미터에 달하는 해안선을 코스타델솔(Costa del Sole)이라고 한다. 태양의 해안이란 뜻으로, 1년 내내 남국의 태양이 내리쬐는 휴양지로 각광을 받고 있다.

제공자와 고객 사이의 미스매치에 있다. 정확히 말하면 해당 상품과 서비스에 관한 제공자와 이용자 사이의 매체, 유통망, 상품이미지의 미스매치인 것이다.

따라서 이 같은 미스매치를 어떤 방법으로든 해소시킨다면 이 미스매치에서 발생한 상품 영업의 벽을 넘어서는 것이 가능하게 된다. 다음에 그러한 방법을 실천하고 있는 예를 소개하고자 한다.

펜실베이니아 주의 주도 필라델피아에서 자동차로 2시간 거리에 랭커스터라는 인구 6만 명의 작은 도시가 있다. 그곳으로 향하는 길에는 광대한 목초지가 끝없이 펼쳐져 있어 미국이 세계 제일의 농업국인 것을 실감나게 한다.

그런데 넓은 목초지를 지나면 별세계에 들어신 깃과 같이 돌연 현대식 건물들이 나타난다. 그것은 윌로우밸리(Willow Valley)라고 불리는 대규모 은퇴자 커뮤니티이다(은퇴자 커뮤니티는 미국에서 발달한 고령자 전용 집합주택을 말한다). 80만 제곱미터의 넓은 부지에 2000호의 주택이 들어서 있다.

윌로우밸리는 면적이 다른 네 지역으로 구성되어 있다. 2000호에 이르는 대규모 단지를 한번에 개발할 수 없었기 때문에 입주 대기 리스트에 일정 수의 고객이 모여 확실히 수요가 있는 것을 확인한 다음에 개발에 착수했다.

윌로우밸리의 장점은 다양한 종류의 주거 이외에 생활필수품에서 문화시설까지의 상품과 서비스를 제공하는 시설들을

완비하고 있는 것이다. 피트니스 · 피부관리실 · 교육시설 등을
갖춘 문화 센터, 병원 · 물리치료사를 갖춘 헬스 센터, 고급 호
텔급의 카페, 레스토랑, 비즈니스 센터 등 생활에 필요한 사회
인프라는 모두 완비되어 있다.

이렇게 '자기 완결형' 시설들을 철저하게 갖추어 놓은 것은
대도시에서 떨어진 교외에 입지하고 있기 때문이다. 비용이 싼
교외에 입지하는 대신에 부대시설을 도시와 비교하여 충실하
게 갖추어 놓을 필요가 있는 것이다.

## 입주자가 안내자인 은퇴자
## 커뮤니티

하지만 아무리 훌륭한 시설들이 있다고 하더라도 대도시에서
멀리 떨어진 교외에 있는 2000호의 주거지에 입주자를 모집한
다는 것은 쉬운 일이 아니다. 보통의 경우 은퇴자 커뮤니티 입주
자의 90퍼센트는 입주 전 반경 90킬로미터 이내에 살고 있었다.

그런데 월로우밸리의 경우 입주자 중 펜실베이니아 주에서
이주해온 가구는 40퍼센트에 불과하다. 나머지는 전미 각지에
서 이주하여 온 보기 드문 예이다. 더욱이 현재의 입주율은 건
강생활형이 96퍼센트이다. 건강생활형에서 요양형으로 이주하
기 때문에 발생하는 5퍼센트의 공실을 제외하면 거의 만실인
상태이다. 어떻게 하여 이것이 가능했던 것일까?

그 이유는 '입주자 참가형'의 독특한 운영활동에 있다. 월로

우밸리는 매년 4월부터 10월 사이에 100명에서 200명 단위로 단지의 견학을 여러 차례 개최한다. 전국에서 오는 견학자들을 안내하는 사람은 입주자이다.

은퇴자 커뮤니티와 같은 상품의 구입의사 결정에는 운영회사의 운영 방침보다 입주자의 생생한 목소리에 의한 평판이 보다 효과적이다. 예를 들면 플로리다에서 온 견학자에게는 플로리다에서 이주한 입주자가 안내한다. 이러한 배려에 의해 견학자는 왜 플로리다에 거주하지 않고 펜실베이니아 주의 윌로우밸리로 이주했는지 그 이유를 입주자의 시점에서 알 수 있다.

이러한 '입주자 참가형' 영업활동의 효과를 높이기 위해서 윌로우밸리에서는 안내자에게 커뮤니티의 판매에 관련된 연수를 사전에 실시하고 있다. 또 견학자가 입수를 설성할 경우 안내지의 월 이용료가 공제되는 등 경제적인 인센티브도 제공한다.

보통 우리는 이러한 시설의 입주자는 '고객'이고 고객 자신이 영업활동을 하는 것에 대해 거북하게 생각한다. 그러나 입주자가 늘어나면 자신의 월정 이용료를 공제받고 새로운 친구도 증가한다는 '명확한 장점'을 인식시킬 수 있다면 이러한 방식이 우리에게도 불가능한 일은 아닐 것이다.


## 직원 자신이 직접 인재를
## 채용하는 직장

한편 입주자를 모음과 동시에 필요한 것은 능력 있는 직원을 모집하는 것이다. 현재 윌로우밸리에서는 전체적으로 1200여명의 직원이 활동하고 있다. 윌로우밸리가 있는 랭커스터의 교외는 농장 이외의 직장이 적기 때문에 도시보다 저임금으로 직원을 모집할 수 있는 이점이 있다. 그렇다 해도 많은 수의 직원을 채용하는 데는 평판이 중요한 역할을 한다.

윌로우밸리는 커뮤니티 내 시설의 무료이용 등 직원의 복리후생에 힘을 쏟고 있다. 이러한 자세가 직원의 근무의욕을 높이고, 우수한 직원이 계속해서 일하게 만든다. 또 기존의 직원이 새로운 직원을 소개하면 월급의 50퍼센트를 소개료로 지급하고 소개한 직원이 일 년 이상 회사에 근무하면 추가로 50퍼센트를 지급하는 시스템도 만들어 놓고 있다. 이러한 경제적인 인센티브도 '직원 자신에 의한' 채용활동을 활발하게 만들고 있다.

그러나 경제적인 인센티브가 있다고 해도 반드시 적격자를 채용할 수 있는 것은 아니다. 중요한 것은 이 커뮤니티에서 일하는 것에 대한 만족감과 즐거움이라는 정신적인 면에서의 장점을 직원 자신이 긍지를 가지고 이야기 하는 것이다.

## 가발 어드바이저[6]의 70퍼센트는
## 가발을 사용하는 고객

스벤슨이라는 독일 가발회사가 있다. 일본에서 매출액이 2005년 3월 현재 39억 엔이며 계속해서 사용하는 비율이 97.5퍼센트로 매우 높고 가발을 이용한 사람들 사이에서 평판이 좋다.

고객연령층은 남녀 모두 20대에서 80대까지이고 남성고객이 약 80퍼센트를 점하고 있다.

스벤슨의 가발이 뛰어난 점은 세 가지이다. 첫째로 상품품질이 좋고 이용자의 까다로운 요구를 수용해 개발했다는 점이다. 헤어위빙(Hairweaving) 방식의 증모법이라는 독자적인 기술로 한 달 동안 24시간 사용이 가능하다. 가볍고 자연스러워 가발을 쓰고 있다는 느낌이 없다는 것이 이용자의 의견이다. 또 통기성이 좋고 생머리의 감각에 가깝다고 말한다.

접착식 가발(탈모 부위의 모발을 면도한 뒤 접착제를 바르고 접착하는 형태)은 통기성이 나쁘기 때문에 두피가 뜨거워지고 습진이 걸리기 쉽다. 또 조금씩 벗겨지기 때문에 착용하고 있는 것이 주위 사람에게 알려지게 되기도 한다. 한편 딜칙식 가발(가발에 달려있는 길이 1~2센티미터의 클립과 같이 생긴 고정 기구로 기존의 머리카락과 가발을 고정해서 부착하는 형태)은 벗겨지기 쉬워 이 가발을 쓰고 운동하는 사람은 벗겨지지 않을까 늘 불안해 한다. 가발은 모발보다도 살갗의 자연스러움이 중요하다고 한다. 다른 회사들은 인공모를 사용하는 데 반해 스벤슨은 사람의 머리카락을 사용하기 때문에 가르마 부분이 자연스럽다.

---

**6**_어드바이저는 일반적으로 매장에 근무하면서 고객의 선택을 도와주기 위해 상품에 대한 설명과 안내를 해주는 사람을 일컫는다. 여기서는 정규직원이라기보다 프리랜서 형식의 자원봉사에 가까운 형태를 말한다.

두 번째로 가발의 샘플이 많고 마음에 들 때까지 시험착용 하는 것이 가능한 점이다. 가발이라는 상품은 일반적으로 한 세트에 50만 엔에서 60만 엔 정도로 싼 것이 아니다. 이 때문에 이용자는 구입 전에 시험 착용을 해보며 자신에게 꼭 맞는 제품을 선택하고 싶어 한다. 그러나 구입 전에 시험 착용을 할 수 있는 견본품이 적어 상품을 두 세트 사게 되는 경우가 많다. 이에 반해 스벤슨에서는 길게는 2개월까지 무료로 시험 증모의 체험이 가능하다. 게다가 한 사람 한 사람에게 전용 샘플을 만들어주고 있다.

세 번째로 가격이 다른 회사 제품의 반 정도밖에 안 된다. TV 광고를 하지 않기 때문에 광고비가 적게 들어가기 때문이다. 그러나 TV 광고를 하지 않고, 어떻게 홍보를 할까?

스벤슨의 영업을 담당하는 가발 어드바이저의 70퍼센트는 원래 이 회사의 고객이다. 게다가 어드바이저의 대부분이 타사 상품을 경험한 후, 스벤슨의 애용자로 됐다.

"과거에 증모 메이커 7군데의 상품을 모두 써 보았지만 이 제품이 제일 맘에 들어 지금은 이 제품만 사용하고 있습니다."

"지금까지 모발이 적어서 괴롭고 불쾌할 때가 많았습니다. 그런데 이 상품이 나와서 이러한 불쾌한 생각이 해소되었습니다. 이러한 나의 체험을 같은 고민을 가진 분들과 공유하고 싶습니다."

예전부터 자신도 같은 고민을 갖고 있었는데 이제는 이 제품

덕에 해결됐다는 어드바이저의 체험에서 우러나오는 말이 같은 고민을 안고 있는 사람의 공감을 얻게 되는 것이다.

사람들은 자신이 체험하지 못한 것에 대하여 체험자의 생생한 목소리를 듣고 싶어 하는 경향이 있다. 도시에 거주하다가 노후에 나가노의 야츠가타케 산기슭에서 전원생활을 보내고 싶어 하는 사람은 실제로 도시에서 야츠가타케 산기슭으로 이주하여 생활한 체험이 있는 사람의 이야기를 들어보고 싶어 한다. 또 유료 양로원7으로 입주를 생각하고 있는 사람은 이미 유료 양로원에 입주하고 있는 사람의 일상생활의 모습과 여러 가지 체험담을 알고 싶어 한다.

상품과 서비스의 체험자가 전하는 말은 이류 영업사원이 말하는 시시콜콜한 설명보다 훨씬 설득력이 있는 것이다.

## 가맹점 운영자의 90퍼센트가
## 자사 고객

세계 최대의 중고령층 여성 전용 피트니스 센터로 주목을 받고 있는 '커브스'는 2005년 10월 현재 일본을 포함하여 전 세계에서 9400개 이상의 점포와 400만 명 이상의 이용자를 자랑한다.

불과 수년 만에 이 정도로 점포 수가 확대된 데는 그만한 이유

---

7_일본에서는 노인홈이라는 명칭을 사용한다. 노인홈과 양로원의 범위가 정확히 일치하는 것은 아니지만 전체적인 의미에서 큰 차이가 없으므로 양로원으로 번역했다.

가 있다. 그것은 프랜차이즈 개설 비용이 다른 업태에 비해 저렴하고, 프랜차이즈 가맹점의 대부분이 커브스에 만족하고 있는 기존 가맹점에서의 '입소문'에 의해 가맹했다는 것이다. 게다가 가맹점 운영자의 90퍼센트가 원래 커브스의 고객이었다.

처음에는 이용자로서 입회하여 살빼기 운동을 하던 중 커브스라는 비즈니스 그 자체에 흥미를 느껴, 자신이 다니던 곳과 다른 곳의 운영자의 체험담을 듣고, "그래 나도 해보자"고 결단하여 스스로 가맹점 운영자로 되는 사람이 대부분이다.

## 상품에 반한 고객이 상품의 전파자로 되면 팔린다

이들 사례는 우리들에게 무엇을 보여주고 있는 것일까?

나는 상품 영업의 벽을 돌파하기 위해서는 해당 상품과 서비스에 관한 제공자와 이용자 사이의 미디어, 유통채널, 상품이미지의 미스매치를 가능한 한 줄일 필요가 있다고 말했다.

실제로 이들 성공사례의 공통점은 고객이 단순한 소비자라는 입장을 뛰어넘어 잠재고객에 대한 상품의 전파자로서의 역할을 담당하고 있다는 것이다. 따라서 고객이 상품의 전파자의 역할을 한다면 전술한 미스매치가 최소화될 수 있다.

상품의 전파자라고 해도 고객에게 강제적으로 상품제공자의 선전원 역할을 한다는 의미는 결코 아니다. 상품에 반한 고객이 결과적으로 자연스럽게 전파자와 같은 역할을 담당하게 된다는 것이다.

이렇게 말하면, 일부 건강식품과 화장품 판매 등에서 보이는 소위 '네트워크 비즈니스'와 같다고 생각하는 사람도 있을 것이다. 확실히 상품의 이용자가 영업담당자로 되고 자신의 이용 체험을 기초로 체험하지 못한 사람에게 전파하여 판매한다는 면에서는 흡사하다.

그러나 네트워크 비즈니스와 결정적으로 다른 점은 당사자가 판매활동을 할 때의 원동력이다. 네트워크 비즈니스의 경우, 그 원동력은 상품 영업의 매출에서 얻어지는 이익이라는 금전적 보수이다. 따라서 그 배경에는 매출 목표를 담당자에게 강제하는 조직적인 압력이 숨어있다.

## 금전적 보수보다 심리적 보수가 중요

이에 반해 앞의 경우는 금전적 보수가 전혀 없다는 뜻은 아니지만, 그것보다도 "자신과 같은 고민을 갖고 있는 사람과 그 고민을 해결한 자신의 체험을 공유라고 싶다." "자신이 좋아하고 자랑스럽게 생각하는 커뮤니티의 일원으로 만들어 즐거운 인생을 보내게 하고 싶다."는 정신적인 충족에서 얻어지는 '심리적 보수'가 원동력으로 된 것이다.

이러한 심리적 보수를 고객이 실감하기 위해서는 고객이 그 상품에 빠질 만한 품질, 서비스체제, 경영자의 자세 등의 전제

조건이 필수적이다.

따라서 윌로우밸리의 경우 서비스제공자에게 필수적인 것은 '커뮤니티 판매촉진'이 아니라 자신의 커뮤니티에 자부심을 갖고 그 자부심을 다른 사람에게 자랑할 만한 커뮤니티 문화를 조성하는 것이다.

자신이 진심으로 흡족하게 여기고 자랑스럽게 여기지 않으면 다른 사람의 마음을 움직일 수 없는 것이다.

# 4장
# 상품 개발의 벽

팔리는 상품은 고객이 만들어준다

사용자에서 담당자로

## 시니어세대를 겨냥한 상품이
## 팔리지 않는다

"베이비붐 세대의 대다수가 정년에 돌입함으로써 예상되는 수요를 겨냥한 상품을 개발하여……"

"이제부터 증가하는 건강한 시니어를 대상으로 하는 신상품이 등장하여……"

시니어세대를 타깃으로 한 신상품과 관련한 기사가 신문과 잡지에 매일같이 등장하고 있다.

그런데 이같이 '시니어세대 전용'을 강조한 상품 중에 1년 혹은 2년 후까지 시장에 남아 있는 것은 어느 정도일까? 내가 시니어 비즈니스 분야에 처음으로 뛰어든 1999년경에는 시니어 사업의 대부분이 간호나 돌봄 서비스와 관련된 것이었다. 그로부터 6년이 지나 많은 기업이 그 이외의 건강한 시니어시장에 눈을 돌리게 되었다.

그러나 그다지 변하지 않은 것은 이러한 고객층을 타깃으로 한 상품 개발이 쉽지 않고, 흔히 벽에 부딪친다는 것이다. 시니어시장에서 이러한 상품 개발의 벽으로 자주 나타나는 것은 다음의 세 가지이다.

**1**_상품의 품질이 타깃 고객의 요구수준에 미치지 못한다.

**2**_내용이 서로 뒤섞여 타 제품과의 차별성이 희미해진다.

**3**_'시니어세대는 이렇다'고 규정짓는 상품으로 만들어진다.

이 세 가지에 대하여 상세히 보자.


## 상품의 품질이 타깃 고객이 요구하는 수준에 미치지 못한다

첫 번째로 상품의 품질이 처음부터 타깃 고객이 요구하는 수준에 미치지 못한 경우이다.

어느 여행사가 실시하고 있는 단체여행상품은 신문 등에 자주 모집광고를 하고 가격도 적당해서 중고령자가 많이 참가한다. 나리타공항에는 비수기 평일 아침 7시부터 이 상품의 단체여행객으로 대합실이 북적대는 장면을 자주 볼 수 있다. 근래 수년간 테러와 사스(SARS, 중증 급성호흡기 질환 군) 등으로 울상 짓던 여행업계에서 비수기 평일에 해외여행을 나가는 중고령자는 참으로 고마운 고객이 아닐 수 없다.

그런데 이러한 단체여행은 가격이 싼 까닭에 소위 '달리기형 관광여행'으로 빡빡한 일정에 저렴한 숙박시설을 이용하는 경우가 대부분이다.

특히 평판이 좋지 않은 것은 식사의 질이다. 주최자의 입장에서 본다면 단체여행에서 수익을 확보하기 위해 비용을 줄일 수 있는 곳이 식비이기 때문에 식사의 질이 떨어지는 것은 당연하다. 또 참가자도 여행경비가 싸고 "외국에 나왔기 때문에 식사가 맛이 없어도 하는 수 없다"고 체념하는 면도 있다.

그러나 이렇게 싸고 질 낮은 형태의 상품은 단기적으로는 고객을 확보할 수 있지만 중장기적으로는 고객을 잃어버리게 된다. 여행의 즐거움 중의 하나가 식사이고 식사의 질이 떨어지면 패키지 투어 전체의 질에 대한 이미지가 낮아지기 때문이다.

이같이 눈에 보이는 것은 멋있지만 실제는 타깃 고객의 요구 수준에 미치지 못하는 상품의 예는 이것 이외에도 회원제 리조트 클럽과 유료 양로원 등에서도 보인다. 회원제 리조트 클럽 중에는 화려한 선전을 빈번히 하지만, 리조트 클럽이라는 명칭에 걸맞지 않게 여행지의 숙소를 경영이 기운 오래된 호텔이나 여관으로 잡는 경우가 많다.

또 최근 급증하고 있는 유료 양로원 중에는 눈에 띄게 호화롭고 아름다운 이미지 광고를 하지만 서비스의 실태에 대해 입주자의 불만이 많아 평판이 좋지 않은 것들이 있다. 이들 사례의 공통점은 TV와 신문 등 매스미디어에 빈번하게 선전하고 있다는 것이다. 매스미디어에 선전을 하고 있다고 해서 반드시 상품의 품질이 좋은 것은 아니다.

문제는 경영능력을 넘어서는 과도한 광고를 하고 있는 회사에서는 막대한 광고비가 상품의 품질 저하로 귀결되는 경우가 많다는 것이다. 3장에서 언급했던 스벤슨이 경쟁회사보다 낮은 가격과 높은 품질의 서비스를 제공하기 위해서 TV 광고를 하지 않고 광고비를 억제하고 있다는 점을 상기할 필요가 있다.

## 다른 제품과 차별성이 없다

두 번째로 내용이 서로 뒤섞여 타사 제품과 차별성 없어지는 경우이다.

이 벽에 부딪친 대표적인 예는 중고령층 전용 잡지이다. 지금까지 중고령층을 타깃으로 한 잡지는 40종 이상이 발간됐다. 그런데 이 분야에서 성공 분기점으로 알려진 발행부수 10만 부를 넘어선 것은 전술한 〈이키이키〉와 〈사라이〉 두 종에 불과하다. 대부분의 후발 잡지가 이 두 개를 그대로 모방했기 때문에 결국 상대가 될 수 없었던 것이다. 그 결과 대부분이 발간 후 2년 이내에 폐간할 수밖에 없었다.

한편 중고령 전용의 회원제 서비스도 마찬가지다. 어느 회사가 설립한 중고령층 타깃의 문화센터에는 피트니스, 레스토랑, 문화교실 등 없는 것이 없지만 다른 곳에는 없는 특별한 서비스라고 내세울 만한 서비스가 없기 때문에 고전하고 있다. 또 다른 중고령층 전용 회원클럽은 라디오 방송국과 제휴했다는 특징을 부각시키고 있지만 클럽 활동의 중심이 되는 강력한 구심점이 약해 이것 역시 고객확보에 고전하고 있다.

이들 사례의 공통점은 다양한 시니어세대의 요구에 대응하여 제공하는 서비스 내용이 이것저것 뒤섞여버리고 말았다는 것이다. 메뉴의 종류는 다양하지만 바로 이거다 하는 킬러 콘텐츠가 없어서 경쟁상품과의 차별성이 없어진 것이다.

## 중고령층은 이렇다고 규정지은 상품

세 번째는 두 번째의 경우와는 반대로 "중고령층은 이렇게 하면 좋아할 것이다"라고 규정짓는 상품들이다.

1년 전 쯤 어느 과자회사가 요시다 다쿠로와 하시다 노리히코 등 1970년대에 대 히트한 포크의 명곡을 담은 CD와 쿠키를 세트로 만든 상품을 발매했다. 게다가 이 상품을 통상의 슈퍼마켓 등에서는 판매하지 않고 편의점에서만 판매하는 전략을 취했다. 1970년대의 포크에 친숙했던 베이비붐 세대에는 향수를, 지금의 중고등학생들에게는 신선함을 선사한다는 CD가 붙은 쿠키라는 참신성 때문인지 신문과 잡지에 여러 번 기사화 됐다. 처음에는 편의점에서 눈에 잘 띄는 곳에 진열됐지만 안타깝게도 발매 수개월 후에는 많은 점포에서 진열대 밖 세일 상품으로 전락했다.

한편 어떤 여행회사가 최근 유행인 세계유산을 테마로 한 패키지여행을 기획하여 설명회를 개최했다. 설명회는 성황을 이루었지만 실제로 여행 신청을 한 사람은 불과 한 명이었기에 결국 그 기획은 무산됐다. 이같이 무료 설명회에는 참가자가 많아도 실제로 상품이 판매되지 않는 예로는 롱스테이와 금융상품 등 고가의 상품이 많은 것 같다.

이들이 고전하는 제일 큰 원인은 중고령층에 대한 이미지를 편리한 대로 결정하기 때문이다. 전자는 베이비붐 세대가 민감한 청년기에 받았던 문화적인 영향이 현재의 소비행동에도 커다란 영향을 미칠 것이라고 생각한 것이다. 후자에서는 중장년층은 돈도 있고 시간도 있어서 상품이 다소 비싸더라도 구매할 것이라고 상품 제공자가 일방적으로 생각한 것이다.

베이비붐 세대에는 '회고 상품' '향수 소비' 등 이 세대 특유의 기호에 호소하여 평판을 얻으려는 경향이 있다. 그러니 세대 특유의 기호는 소비행동을 결정하는 한 가지 요인에 불과하다. 게다가 이 기호가 일생동안 동일하게 유지되는 것도 아니다. 어떤 대상을 좋아하는지는 해가 감에 따라 변화하기 때문이다.

확실히 요시다 다쿠로의 〈결혼합시다〉와 하시다 노리히코의 〈신부(花嫁)〉는 베이비붐 세대에게 향수를 불러일으킨다. 그러나 베이비붐 세대가 지금 이들의 CD를 산다면 그 이유는 단순하게 향수 때문만은 아닐 것이다. 학생시대에 들었던 음악을 30년 이상의 세월이 흐른 후에 들으면, 그 가사의 의미와 멜로디가 당시보다도 더 심금을 울릴 수도 있다. 이러한 현재의 감정을 느끼기 위해 이미 LP레코드나 EP(도넛판)로 갖고 있던 오래

된 히트곡을 CD로 사고 싶게 되는 것이 아닐까?

결국 상품제공자는 베이비붐 세대가 단순히 예전에 히트한 상품을 갖고 싶다거나 히트했던 상품을 어디선가에서 맞닥뜨리고 싶어 한다는 정도의 인식으로 덤벼들어서는 안 된다. 만약 이러한 상품을 개발하려면 현재 시점에서의 '새로운 해석'을 제시해야 한다.

## 베이비붐 세대엔 비틀스 세대만 있는 것이 아니다

그런데 왜 이렇게 '규정된 상품'이 끊이지 않고 나오는 것일까? 첫 번째 이유는 상품 개발자가 시니어 시장이 매우 다양한 시장이라고 인식하지 못하기 때문이다. 베이비붐 세대의 소비자가 상품을 구매할 때 의사결정에 영향을 주는 것은 다음의 '다섯 가지 변화'이다.

**1**_나이가 듦에 따른 육체적 변화

**2**_본인의 생애 단계의 변화

**3**_가족의 생애 단계의 변화

**4**_기호의 변화

**5**_시대의 변화

여기에서 기호의 변화란 좋아하는 대상의 변화이고, 우선순

위의 변화라고 해도 좋을 것이다. 처음에는 그 세대 특유의 기호가 소비행동에 커다란 영향을 미친다.

베이비붐 세대라면 벤처스(Ventures) 혹은 비틀스 세대로 연상되는 경우가 많이 있다. 또 70년 안보 등 학원분쟁과 연관된 전공투 세대를 연상하는 경우도 있다. 그 세대가 민감한 시기에 일어났던 사건과 상황이 그 세대 특유의 기호성의 기초로 되었다고 생각되기 때문이다. 그렇지만 이 세대 특유의 기호에만 초점을 맞춘 상품은 앞서 말했듯이 고전하는 경우가 많다.

일본의 베이비붐 세대와 달리 미국의 베이비붐 세대는 1946~1955년생을 리딩에지 부머(Leading-edge Boomer), 1956~1964년생을 레이트 부머(Late Boomers) 라고 부른다.

미국의 리딩에지 부머의 성장기는 베트남 선생이 본격화한 시기와 일치한다. 이 때문에 세대 특유의 기호에는 베트남 전쟁의 영향이 강하게 반영되어 있다. 미국의 마켓 컨설팅에서는 이 세대효과에 호소하는 제너레이션 마케팅이 베이비붐 세대에게 유효하다고 말하는 사람이 많다.

이에 반해 일본의 베이비붐 세대는 미국의 리딩에지 부머와 비교하면 이 세대효과는 약하다. 그 이유는 미국의 베이비붐 세대 중에는 베트남전쟁에 참가했던 사람이 많이 있는 반면 일본의 베이비붐 세대는 학생 데모라면 몰라도 실제 전쟁에 참가한 경험이 있는 사람은 거의 없기 때문이다. 결국 같은 세대라도 그 시대로부터 받았던 심적 영향력의 깊이가 크게 차이 나는 것이다.

학원분쟁 시대 피트 시거[8]의 〈꽃은 어디로 갔나?〉라는 반전 가요가 일본에서 히트했지만 지금의 베이비붐 세대에게는 〈학원분쟁은 어디로 갔나?〉라고 해야 할 정도로 당시의 영향이 소멸된 사람이 많다.

그 세대가 젊었을 때 체득한 기호가 생애에 걸쳐 똑같지만은 않다. 왜냐하면 사람의 기호는 세월과 함께 변하기 때문이다. 이 변화는 생애 단계가 변해서 생기기도 하고 내면적으로 성숙해서 생기기도 한다.

이같이 세대 특유의 기호는 특정 세대의 소비행동을 생각할 때 중요한 요인의 하나이지만 그것만이 유일한 요인인 것은 아니다.

따라서 베이비붐 세대는 포크 세대이기 때문에 포크에 대한 향수를 자극하면 팔릴 것이라는 안이한 상품 개발로는 고전할 수밖에 없다.

한편 통계상의 평균치로 보면 50대 이상은 다른 연령층에 비해 주요 자산도 많고 가처분 소득이 많은 것도 사실이다. 그러나 그 연령층이라고 해서 누구나 비싼 상품을 사는 것은 아니다. 그런데 이러한 통계만 믿고 '시니어세대는 돈과 시간이 많다'는 이미지를 갖고 '다소 비싸도 팔릴 것이다'라는 생각으로 상품을 개발하는 경우가 끊이지 않는다.

---

**8**_피트 시거(Pete Seeger)는 인종차별과 전쟁에 반대하는 노래를 불러 넓은 계층에서 지지를 받았던 미국의 가수.

유사한 예로 '시니어세대는 자신이 체득한 지식을 말하기 좋아한다.'라는 이미지에 따라 개발한 상품이 고전하는 경우도 있다.

어느 여행회사의 패키지투어 설명회에서 주최자가 초청한 대학교수의 설명이 너무나 전문적이어서 여행의 흥미를 반감시켜 참가신청이 거의 이루어지지 않았던 예도 있다.

이에 반해 JTB 서일본 영업본부가 기획한 '겨울소나타 촬영지 투어' 상품은 중고령층 여성에게 호평을 받았다. 대학교수가 자신의 전문영역의 전문지식을 말하기만 하는 설명회보다 '겨울소나타 촬영지 투어'와 같이 여성의 눈높이에 맞춘 여행상품이 받아들여지기 쉽다.

또 앞에서 말했듯이 시설 명칭에 '건강'이라는 문구를 넣었던 피트니스 시설이 오히려 외면낭한 사례에시도 알 수 있듯이 건강이라는 말을 넣으면 시니어세대에게 받아들여질 것이라는 단순한 사고방식이 사업을 고전하게 만드는 이유가 되곤 한다.

## 고정관념에서 벗어날 필요가 있다

두 번째 이유는 상품 개발자의 시니어세대에 대한 선입관, 즉 고정관념이 강한 것이다. 일본에서도 미국에서도 시니어세대 전용의 상품과 서비스에서 이런 고정관념을 흔히 볼 수 있다. 시니어세대 전용의 신업태 카페인 마더 카페 플러스의 책임자인 캐롤라 윈드호스트가 쓴 웃음을 지으며 나에게 다음과 같이 이야기 한 적이 있다.

"우리들은 담당 건축디자이너에게 시니어세대를 위한 스타벅스와 같은 카페를 만들고 싶다고 말했습니다. 그러자 디자이너는 자동차 시트처럼 낮은 소파와 테이블을 잔뜩 진열해놓고, 벽에는 수많은 손잡이를 붙여놓은 디자인을 내놓았습니다."

또 세븐앤아이 홀딩스[9]의 스즈키(鈴木敏文) 회장은 "젊은 바이어에게 50~60대 여성의 옷을 사입하게 하면 고리타분한 상품만 가져온다"라고 말했다. 나이가 들어 신체기능은 퇴화할지라도 소비자로서 중장년들의 패션에 대한 감각은 젊은이와 조금도 다를 것이 없는데, 이러한 고정관념은 지금까지도 뿌리 깊게 남아 있는 것이다.

또한 많은 양로원은 실내장식과 시설의 분위기가 마치 병원 같다. 고령자는 사회적 약자이고 보호받아야 할 사람들이고 양로원은 고령자들이 있는 곳이기 때문에 병원 같은 분위기가 당연하다는 고정관념은 양로원만이 아니라 사회에 폭넓게 퍼져있다.

생활수준이 낮았던 가난한 시대에는 사치는 적이고 물자가 있는 것만으로 감사하게 여겼었다. 그러나 현재는 생활수준이 향상되고 사람들의 요구도 다양해졌기 때문에 단순하게 필요

---

**9**_세븐앤아이 홀딩스(Seven & I Holdings)는 이토요카도 등의 지주회사다. 이토요카도는 1920년 설립된 세계적인 소매 회사로 대형매장, 편의점, 식당, 슈퍼마켓, 백화점, 전문숍, 할인점 등을 운영하며 해외에서는 세븐일레븐(7-Eleven) 편의점 체인을 운영하고 있다. 미국과 캐나다에서 5,600개의 점포를 소유해 운영하는 사우스랜드(Southland Corporation)를 소유하고 있다

한 것을 해소하는 것만으로는 만족하지 못한다. 그럼에도 불구하고 상품과 서비스 제공자 측에는 지금까지도 많은 고정관념이 자리 잡고 있기 때문에 고객의 요구를 따라가지 못하는 것이다. 뒤집어 생각하면 이러한 고정관념에서 벗어난 상품과 서비스는 각광을 받을 가능성을 가지고 있다.

세 번째 이유는 타깃을 좁히기 위해 '고객은 이렇다'라고 규정해 버리는 것이다. 이렇게 '규정하기'가 끊이지 않는 최대의 이유는 규정해버리는 편이 간단하고 편하다는 안이한 생각이 상품 개발자에게 뿌리 깊게 남아있기 때문이다. 이렇게 안이하게 소비자를 단정지어버리는 기업은 머리말에서도 말한 것처럼 고도성장기에 성공체험을 가진 전통기업 중에 많이 있다.

지금까지 시니어 시장에서 자주 볼 수 있는 상품 개발의 벽에 대해 설명했다. 이런 벽에 부딪치는 이유를 한마디로 요약하면 고객의 기호와 제공되는 상품과 서비스의 내용이 일치하지 않기 때문이다.

따라서 이 두 가지를 일치시킨다면 상품 개발의 벽을 넘어설 수 있을 것이다. 다음에 이러한 방법을 실천하고 있는 예를 소개하고자 한다.


## 중장년층에게 인기 있는 소형 슈퍼마켓의 비결

후쿠오카(福岡) 시의 한 상가에는 까다로운 취향의 중장년층에

게 인기 있는 소형 슈퍼마켓이 있다. 그 인기의 비결은 다음과
같다.

### 소량 판매, 저렴한 가격

각종 야채와 조미료를 자신이 필요한 양 만큼만 살 수 있다. 야
채와 도시락 판매점인 '오리진 도시락'은 야채를 낱개 판매하
는 것으로 유명하다. 이 슈퍼마켓에서는 조미료까지 작게 나누
어 팔고 계란도 10개 단위가 아니라 낱개로 판매하고 있는 것이
특징이다. 고령이 되면 기초대사량이 감소하기 때문에 식사의
양이 줄어들고, 게다가 여성의 단독세대가 많아진다. 그런데 대
형 슈퍼마켓과 편의점에서 판매하는 도시락과 야채는 포장단
위가 커서 고령자와 여성들이 구매하기에는 부담된다.

### 담소가 가능한 휴식공간

슈퍼마켓의 차양 아래에 휴식코너를 마련해두어서, 물건을 사
는 도중이나 물건을 산후에 휴식을 취하며 다른 내점객과 환담
할 수 있다. 백화점에서는 통로나 계단에 휴게용 의자가 비치되
어 있어 중고령층이 잘 이용할 수 있지만 내점객끼리 환담하는
일은 드물다.

### 고객한테 요청받은 상품은 반드시 비치한다

예를 들면 유명한 곶감을 사고 싶다는 요청이 있으면 한 자루라

도입하한다. 흥미로운 것은 주문한 고객이 입소문으로 다른 고객에게 권하기 때문에 후에 히트상품으로 되는 것도 있다. 또 슈퍼마켓에 진열되어 있는 고기는 돼지로스, 닭 가슴살 등 겨우 4종류에 불과하다. 그 대신에 야채절임은 염분을 제거한 것과 부드러운 것 등 50여 종류 이상을 진열하고 있다.

## 고객 자신이 상품 구색을 결정하는 구조를 가질 것

일반적인 편의점에서는 이렇게 상품을 갖추기는 어려울 것이다. 현재 편의점에서는 한정된 공간에서 높은 판매효율을 유지하기 위해 POS(Point of Sale)에 의한 판매관리를 통해 잘 팔리는 주력상품을 전면에 진열하기 때문이다. 그런데 POS의 약점은 일부 고객에게 인기 있는 상품도 매출이 적으면 비인기 상품으로 판단되어 매장에서 사라지는 것이다. 이것은 차례차례로 밀려드는 신간 때문에 양서까지도 매장에서 밀려나는 서점의 현상과 비슷하다.

그러나 후쿠오카 시의 슈퍼마켓의 예는 이들과는 대조적이다. 한 사람의 고객이 원해서 요청한 것은 그 고객 자신이 '선전원'이 되어 입소문으로 상품의 좋은 점을 전하여 롱런 상품으로 되는 것이다. 이것은 3장에서 기술한 고객 자신이 '전파자'로 되는 것과 동일하다.

흥미로운 점은 종래의 편의점에서는 POS 에 의한 판매효율에 따라서 그 점포의 상품구색이 결정되는 것에 반해 중장년에게 인기 있는 소형 슈퍼마켓에서는 고객의 평판에 의해 그 매장의 상품 구색이 결정된다는 것이다.

후자가 우수한 것은 판매하는 상품의 구색을 '고객 자신'이 결정한다는 것이다. '고객 자신'이 바라는 상품이라면 비슷한 요구를 가진 고객이 많기 때문에 히트상품으로 되기 쉽다.

시니어세대의 소비행동은 극히 다양하고 시니어 시장이라는 매스마켓은 존재하지 않는다. 이 때문에 상품의 판매자가 일방적으로 상품을 강제하는 것이 아니라 다양한 선택의 기회를 준비하여 고객이 선택할 수 있게 하는 방식이 좋다. 앞에서 말한 소형 슈퍼마켓은 바로 이 같은 방식을 실천하고 있는 예이다.

이러한 '고객 참가형'의 상품기획과 상품 갖추기는 시니어세대의 다양한 요구에 적응하는 유효한 수법의 하나이다. 시니어세대에게 인기 있는 업태에서는 이같이 고객 참가형 상품을 개발하는 예가 자주 보인다.

앞에서 언급한 마더 카페 플러스에서는 새로운 상품 개발에 많은 노력을 기울이고 있다. 그중 하나가 고객의 제안을 메뉴에 끼워 넣는 구조를 제도화한 것이다.

마더 카페 플러스에서는 서비스메뉴에 대한 의견을 모으기 위해 고객이 참가하는 자문 위원회를 설치했다. 카페는 이들의 의견을 받아들여 새로운 메뉴를 개발해 인기 있는 것은 발전시키고 없는 것은 교체한다. 이런 과정을 수개월 단위로 반복하여 고객의 요구변화를 신속하게 서비스에 반영하고 있다. 이런 과정을 통해 서비스가 항상 고객의 요구를 가장 잘 반영한 내용으로 유지되도록 하는 것이 가능하게 되었다.

## 참가자에서 운영주체로 변화하는 고객의 역할

55세 이상의 중장년 전용 체험학습 여행서비스 '엘더호스텔(Elderhostel)'은 전 세계에서 연간 20만 명 이상이 참가하고 있는 세계 최대의 중장년 전용 생애학습 서비스 기관이다. 엘더호스텔에서는 회원들이 다양한 문화적 주제를 전문지식을 가진 도우미의 지원하에 체험을 통해 학습에 참가한다. 이 도우미의 대부분은 원래 엘더호스텔의 참가자였다.

처음에는 참가자로서 프로그램에 참가한 사람들이 몇 차례 참가한 후에 단순한 참가에 만족하지 못하고 서서히 운영을 거들게 되고 프로그램 기획에 협력하게 된다. 그리고 결국엔 도우미로서 프로그램 전체의 운영을 담당하게 된다. 이러한 도우미는 교통비 등의 실비를 제외하면 거의 아무것도 받지 않는다. 일본에서는 이러한 도우미는 여러 가지로 성가신 작업이기에 귀찮아하는 경향이 많지만 미국의 엘더호스텔의 경우는 이러한 자원봉사 도우미가 많이 존재한다.

내가 참가했던 샌프란시스코의 학급에서 그들에게 "보수도

받지 못하는데 왜 도우미가 되었습니까?" 하고 물었더니 그들은 지체 없이 "즐겁기 때문"이라고 대답했다.

엘더호스텔에는 단순한 레저보다 음악, 미술 등 지적인 취향이 강한 테마의 프로그램이 많기 때문에 이러한 취미를 가진 사람이 도우미가 되면 비슷한 취미를 갖고 있는 사람들과 사귀기 쉽다.

또 프로그램 강사는 대학교수 등 그 분야의 전문가와 저명인사가 담당하는 경우가 많기 때문에 그러한 전문가와도 관계를 깊게 할 수 있는 장점이 있다. 금전적 보수 외에 이러한 '지적 인간관계'의 획득이라는 보수가 자원봉사 도우미의 구심력으로 되는 것이다. 엘더호스텔은 1975년부터 시작되었는데 지금부터 30여 년 전에 이러한 구조를 갖고 있었다는 그 선진성에 다시 한번 놀라게 된다.

이와 관련하여 2장에서 설명한 클럽 투어리즘에서도 프랜들리 스태프(Friendly Staff)라는 클럽 도우미가 있다. 이 프랜들리 스태프는 클럽멤버로 그 클럽에서 기획하고 있는 여행지에 관한 정보를 제공하고 숙박지에 대해 조언을 한다. 즉, 클럽멤버로서 새로운 여행기획을 만들어 내는 촉매역할을 하는 것이다. 2005년 9월 현재 약 900명인 프랜들리 스태프의 대부분은 이 회사의 계약사원이다.

그런데 최근에는 펠로우 프랜들리 스태프(Fellow Freindly Staff)로 불리는 스태프도 증가하고 있다. 이 스태프는 50대와

60대로 원래 클럽 투어리즘의 참가자였던 사람들로 구성된다. 이 스태프에서도 엘더호스텔의 도우미와 마찬가지로 "사람과 만나는 것이 즐겁다" "책임을 지고 일하는 것에서 사는 보람을 느낀다"라고 말하는 사람들이 많다.

## NPO의 운영주체가 입주자 자신인 커뮤니티

한편 미국에서는 은퇴자 커뮤니티의 경우 사업주체를 NPO[10]로 하는 경우가 자주 있다. 많은 경우 이 NPO의 설립 운영주체는 입주자 자신이다.

예를 들면 뉴햄프셔에 있는 켄들 하노버(Kendal at Hanover)는 가까이에 있는 명문 다트머스(Dartmouth) 칼리지의 전직 교수와 졸업생이 중심이 되어 대학교 옆에 은퇴자 커뮤니티의 건립 여부를 검토하는 것을 계기로 설립되었다. 처음에는 적은 인원의 그룹이었지만 검토를 진행해가면서 이념에 공감하는 사람들이 광범위하게 참가하게 되어 NPO를 설립했다. 그래서 이 NPO에서 은퇴자 커뮤니티의 시설규격, 운영방법, 자금조달 방법 등 모든 것을 검토했다.

이 방법의 장점은 입주자가 그 시설규격의 결정과정에 참가하기 때문에 입주자의 선호와 상품인 시설의 내용이 일치하는

---

**10**_NPO(Non Profit Organization)는 비영리단체를 말한다. 6장에 설명이 나온다.

것이다. 그러한 과정을 거쳐 완성된 시설에 대해서는 완성한 후에 다소 마음에 들지 않더라도 자신들이 선택한 결과라는 점을 감안해 대체로 불만이 없다.

이것과 같은 형태로 상품 개발에 고객의 목소리가 반영되어 있는 예로서는 '팔 시스템(Pal System) 생활협동조합연합회'11를 들 수 있다.

이것은 2005년 6월 이전까지는 수도권 코프연합으로 불리던 단체로 동경 마이코프, 나라가와 유메코프 등 수도권의 9개 생협의 연합체이다. 팔 시스템으로 불리는 무점포, 산지직송에 의한 무농약 농산물과 식품을 판매하는 이곳에서 2005년 10월 현재 46만 명이 식품을 구입하고 있다. 생협의 조합원은 고객이고 출자자이기도 하다. 이 의미에서 전술한 은퇴자 커뮤니티를 운영하는 NPO와 유사하다.

## 사업 주체와 고객이 일체가 되어
## 상품 개발을 하는 조합

이 조직에서도 '고객 참가형'의 상품 개발이 자주 이루어진다.

11_팔 시스템은 수도권 약 70만 세대가 이용하고 있는 조합원의 생활 지원 시스템이다. 생활문제 해결이라는 사고를 기반으로 하여 생활 중에 일어나는 여러 가지 문제를 상품, 서비스, 정보 형태로 지원한다. 원래 팔 시스템 그룹은 전국에 퍼져 있던 생협을 모태로 개인택배 사업을 했다. 학령기 자녀를 둔 사람은 물론 고령자, 일하는 여성 등 광범위한 층의 조합원이 이용했다. 현재는 개인에게 배달하는 일에 머무르지 않고 '조합원이 10명이라면 10가지 생활이 있다'라는 생각하에 각각의 생활에 대응 가능한 조직을 만들어나가고 있다. 이 조직과 사업 전체를 '팔 시스템'이라고 말한다.

조합원 중심의 '서포터 그룹'이 상품 개발 담당자와 의견을 조율하고 생산자와 제조업자와 협력하면서 새로운 상품을 개발한다.

서포터 그룹제도는 2002년부터 시작됐다. 서포터 그룹에 등록한 조합원은 2004년에 약 150명 정도였다. 지금까지의 활동으로 25건의 상품이 개발됐다. '역시 비누샴푸' '역시 비누린스'라는 이름의 샴푸와 린스는 합성세제가 아니라 비누를 사용한 상품이다. 비누 상품은 환경에는 좋지만 사용하기가 불편한 것이 약점이었다. 그러나 이 샴푸와 린스는 사용하기 쉽게 만들어 판매가 잘 되었다.

팔 시스템의 식칼은 조합원이 사용하고 있는 식칼의 조사부터 실시하고, 제조사와 함께 2년여에 걸쳐 사용하기 쉬운 식칼을 만들어낸 것이다. 작아서 손에 쥐기 쉽고 칼날을 '놀고래형'으로 둥글게 만들어서 안전성을 높였다. 이 상품의 가격이 약 3천 엔인데 주문이 일반 식칼의 10배인 4천 자루에 달해 서포터 그룹이 상품 개발에 참가한 것 중에서 최대 히트상품 중 하나가 됐다.

'이탈리안 베이스'는 정통 이탈리아 음식을 좋아하는 사람들을 위해 초보자도 이탈리아 음식을 만들수 있게 하자는 조합원의 의견에서 생겨났다. 이것은 건조 토마토를 사용한 요리 재료이다. 개발 초기에는 "과연 상품화가 가능할까?"라고 반신반의했던 상품담당자도 마침내 조합원 전원의 열의에 감복하여 탄생된 집념의 작품이다.

'산지직송 볶음 주먹밥' '냉동 볶음 주먹밥'은 냉동식품의 주력 상품인 볶음 주먹밥을 산지에서 직송한 쌀로 만들어 보자는 조합원의 의견이 실현된 것이다. 가격은 한 팩에 300엔 정도이고 슈퍼마켓에서 판매하고 있는 통상의 제품에 비해 결코 싸지 않지만 판매될 때마다 항상 1만 개의 주문이 들어오는 히트상품이다.

또 팔 시스템 연합회에서는 조합원의 생애 단계에 따라서 세 종류의 상품 카탈로그를 발행하고 있다. 그중 자녀교육을 마친 주부 전용으로 발행하고 있는 〈기나리〉[12]라는 카탈로그에는 모니터 조합원이 추천하는 특집 코너를 마련해 고객참가형의 상품 개발이 이루어지도록 하고 있다.

조합원, 조합, 거래처, 제조사가 모두 협력해서 상품을 개발하는 장점은 무엇일까? 식품 제조사 등에서도 소비자 모니터요원을 모집하여 연구소 등에서 상품의 맛보기를 하고 상품에 대한 의견을 듣는 예가 있다. 이러한 경우에는 무엇인가의 사례를 지불하는 것이 일반적이다.

그런데 팔 시스템 연합회에서는 서포터 그룹 당 3만 엔의 활동비가 지원되지만 조합원 개인에게 지급되는 것은 아니다. 또 실용신안 등의 지적재산권이 주어지는 것도 아니다. 더욱이 개발된 상품이 히트해도 상품 개발 참가자에게 장려금이 주어지는 것도 아니고, 카탈로그 소개시에 개발협력자로서 그룹의 사

---

[12]_천을 표백하지 않은 상태 그대로라는 뜻의 일본어.

진이 소개되는 정도이다.

　그런데 조합원들은 무엇 때문에 이러한 활동에 참가하는 것일까? 그것은 "자신이 바라던 상품을 자신이 참가하여 개발하고 개선시켰다"라는 만족감 때문이다. 거래처 및 제조사와 일체가 되어 개발과 개선에 참가한 것 자체가 만족감을 주는 것이다.

　반면 거래처와 제조사의 장점은 무엇일까? 최대의 장점은 소비자의 생생한 목소리를 들으면서 상품 개발을 한다는 점이고 게다가 개발된 상품의 히트확률이 높다는 것이다.

　서포터 그룹의 상품 개발활동에서 시제품의 제조비용은 제조사의 몫이다. 그러나 서포터 그룹에서 상품 개발을 하지 않아도 제조사는 상품 개발을 해야 하기 때문에 같은 비용을 쓰더라도 히트 확률이 높은 쪽에 쓰는 것이 유리하다. 더군다나 상품 개발 담당부서는 새로운 상품 아이디어를 소비자의 생생한 목소리로 듣게 되는 것 자체가 큰 수확이다.

　고객 참가형 상품 개발 사례는 인터넷이 보급되면서 급속하게 증가했다. 그중에는 인터넷상에서 상품기획을 제시하고 일정 수의 주문이 모아지면 생산하는 사이트도 등장하여 몇몇 히트상품도 생겨나고 있다.

## 참가한 동료와 이해가 깊어지는 것이 장점

팔 시스템 연합체의 특징은 인터넷을 통해서가 아니라 조합원들이 얼굴을 맞대고 협의한다는 점이다. 잘 알지 못하는 동료와 인터넷으로 대화하는 것과는 비교할 수 없을 정도의 밀도 있는 대화가 이루어진다. 그러나 이것은 참가자 사이의 의견조정에 대단한 노력이 필요한 활동이기도 하다.

팔 시스템 연합회의 세컨드 스테이지 사업 프로젝트의 고야마(小山邦子) 씨는 다음과 같이 말한다.

"이러한 상품 개발의 장점은 활동을 통해 조합원의 생생한 목소리를 직접 듣는 것, 생산 제조사의 문제점이 이해되는 것, 따라서 상품 개발에 참가하는 사람들 사이의 이해가 깊어지고 서로 노력하게 되는 것이다."

이 서포터 그룹의 장점은 고객의 참가를 통해 개발된 상품의 대부분이 인기상품이 될 뿐만 아니라 상품 개발에 참가한 사람들 사이의 이해가 깊어지고 조합에 관계한 모든 사람들 사이에 활력이 생겨나는 점이다. 3장에서 고객의 역할이 상품의 소비자에서 전파자로 옮겨갈 때 중요한 것은 금전적 보수보다 심리적 보수라고 했다. 팔 시스템 연합회에서 일어나고 있는 현상도 이것과 동일하다.

## 고객이 상품 개발
## 담당자로 되면

이들 사례가 우리들에게 보여 주는 것은 무엇일까? 그것은 고객이 상품의 '사용자'에서 '담당자'로 되면 고객의 요구 사항과

상품의 내용이 일치하기 때문에 그 상품은 '팔리기 쉽다'는 것이다.

그러나 이러한 고객 주도형의 상품 개발을 하려면 그것을 가능하게 하는 체제와 조직이 정비되어 있어야 한다.

상품의 품질이 타깃 고객이 요구하는 수준에 미치지 못하는 것은 기술과 품질이 그 수준에 도달하지 못한 경우는 별개로 하고, 결국 상품제공자가 고객이 바라는 바가 어떤 수준인가를 정확하게 이해하지 못하기 때문이다. 또 내용이 뒤섞여 버리고 마는 것은 타깃 고객을 정확하게 정하지 못하고 누구에게나 대응하고자 하기 때문이다.

그리고 '시니어세대는 이렇다'고 규정지은 상품으로 되는 것은 타깃 고객의 실태를 깊게 이해하지 못했기 때문이다. 그 결과 고객이 바라는 것과 상품제공자가 개발하는 상품과의 사이에 커다란 차이가 발생하는 것이다.

이 차이를 줄이기 위해서 상품제공자는 고객의 눈높이에 맞추어야 한다. 그렇지만 그곳에는 여전히 차이가 존재한다. 고객이 상품의 사용자에서 담당자로 된다는 것은 그 차이가 없어진다는 것을 의미한다.

다만 1장에서 말한 바와 같이 고객 자신이 무엇을 원하는지를 확실히 하지 않는 경우에는 이 방법은 가능하지 않다. 이 방법은 고객 자신이 "이것을 바란다"라고 확실히 하는 경우에 유효하다는 점을 생각해 두기 바란다.

# 5장
# 고객 유지의 벽

'붙잡아둔다'는 발상을 버려라
'붙잡아두기'에서 '안전망 만들기'로

## 회원제 서비스의
## 함정

최근 수년간 많은 기업이 베이비붐 세대와 시니어세대를 타깃으로 하여 여러 종류의 회원제 서비스를 시작하고 있다.

예를 들면 게이오 전철이 '게이오 솔레이유 클럽'이라는 이름으로 게이오선 주변의 활동적인 시니어세대를 타깃으로 하는 회원제 서비스를 시작했다. 또 파소나 그룹과 도쿄전력이 중심이 되어 회원제인 퇴직자 생활지원 서비스를 제공하는 '나프(NARP)'라는 회사를 설립했다.

또 닛케이(日經) 비즈니스 출판사가 설립한 〈닛케이 마스터즈〉를 비롯해 속속 창간되는 중고령층 전용 잡지도 그러한 예이다. 잡지의 경우 회원제 서비스라고 표현하기는 어렵지만 정기구독의 경우 연간구독료를 미리 징수하므로 실질적인 회원제 서비스이다. 이러한 회원제 서비스가 계속하여 등장하는 것자체가 일본의 시니어 시장을 활성화시키는 것이기도 하다.

그러나 회원제 서비스를 시작해도 회원이 생각만큼 증가하지 않아 고전하는 사례도 증가하고 있다. 전형적인 예가 신용카드이다. 처음에는 첫해 회비무료 캠페인 등으로 회원을 모으지만 1년이 지난 후 회비가 유료로 전환될 때 해약이 속출한다.

또 중고령층 전용 잡지의 경우 4장에서 보았듯이 대부분은 구독자 수가 기껏해야 2, 3만 명 선에서 한계점에 도달한다. 한 권에 천 엔 정도인 월간지의 경우 2, 3만 명의 구독자로는 적자를 면할 수가 없다. 잡지를 가두판매가 아니라 독자에게 직판하는 경우 사전에 구독료를 징수하기 때문에 이 정도의 구독자 수에서 폐간을 하면, 사업의 누적손실에 더하여 폐간시의 반환금 처리 등에 의한 손실이 더해져서 총 손실은 더욱 커지게 된다.

이러한 '고객 유지의 벽'에 부딪치는 사례의 공통점은 상품 메뉴가 '주먹밥 도시락형'으로 되어 있다는 것이다. 조금이라도 많은 회원을 획득하려고 이런저런 메뉴를 추가하다 보면 나중에는 무엇 때문에 팔리는지 파악하기 힘든 상품으로 돼버리는 것이다.

생활수준이 낮았던 가난한 시대에는 상품 수가 많은 것이 장점이 될 수 있었다. 백화점은 그 이름대로 '백 가지' 상품이 있다는 것이 판매수단이었다. 그러나 모든 것이 풍족한 지금에는 단순히 상품 수가 많다는 것만으로는 차별화되지 않는다. 대개의 상품은 백화점이 아니라도 얼마든지 살 수 있기 때문이다. 많은 백화점이 수년간 고전하고 있는 이유는 여기에 있다.

전술한 신용카드도 최근에는 회비가 첫해뿐만 아니라 영구히 무료로 하는 경우도 꽤 증가했다. 회비를 영구히 무료로 하고 차량 긴급구조 서비스와 해외여행보험 가입, 마일리지 서비스와 전자화폐 사용 등 각종 서비스를 개발해 고객 획득을 위한 경쟁에 나서고 있다.

그러나 이러한 부대 서비스의 수와 양에서 경쟁타사보다 우위에 설 수 있는 유예기간은 그리 길지가 않다. 왜냐하면 경쟁회사가 모방하는 데 걸리는 시간이 예전에 비해 점점 단축되고 있기 때문이다. 그 결과 대부분의 회원제 서비스가 단기적으로는 서비스 내용이 차별화되어도 중장기적으로는 서로 비슷하게 되는 것이다.

## 중고령층 전용 서비스는
## 컨버전스형

원래 다른 상품이었는데 서서히 같아지거나 혹은 매우 비슷해지는 상품을 컨버전스(Convergence)형 상품이라고 한다. 중고령층 전용 회원제 서비스는 이 컨버전스형 상품의 전형이다. 컨버전스란 기능통합과 기능집중이라는 의미에서 사용되지만, 본래 다른 사람과 사물의 상태가 서서히 같아지거나 혹은 매우 비슷해지는 것을 말한다.

이 컨버전스형 상품의 예로서는 '인터넷 기능이 부가된 디지털 카메라'와 '디지털 카메라가 장착된 휴대전화'가 있다. 디지털 카메라에 인터넷 기능이 부가된 제품이 디지털 카메라가 보급될 때에 후지필름에서 제품화됐다. 이것은 디지털 카메라로 촬영한 사진을 곧바로 인터넷으로 송신하는 것이 가능했다. 당시에는 가격이 높아서 그다지 많이 팔리지는 않았다.

그 후 J폰(현재 보다폰)이 휴대전화에 최초로 디지털 카메라 기능을 부가한 '사진 메일'을 상품화했다. 이것이 폭발적인 인기를 끌자 모든 휴대전화 제조사가 따라하여 눈 깜짝할 사이에 디지털 카메라가 부착된 휴대전화가 보급됐다.

이같이 디지털 카메라와 휴대전화라는 서로 다른 제품이 기능을 경쟁적으로 덧붙이면서 제품으로서 진화의 과정을 거쳐 거의 같은 기능의 제품이 되는 것이다.

컨버전스형 상품의 다른 예도는 '컴퓨터 기능이 부가된 텔레비전'과 '텔레비전 기능이 부가된 컴퓨터'가 있다. 원래 텔레비전과 컴퓨터는 다른 상품이었지만 텔레비전에 컴퓨터의 기능이 부가되고, 컴퓨터에 텔레비전의 기능이 부가된 상품이 등장했다. 그리하여 이 두 가지는 매우 흡사한 제품으로 나가고 있다. 컨버전스형 상품은 IT와 디지털 기기 등의 분야에서 흔히 볼 수 있다. 또 IT 업계에서는 마이크로소프트와 인텔이 수년 전부터 이 컨버전스라는 말을 사용하고 있다.

이러한 컨버전스형 상품은 IT와 디지털 기기 이외의 분야에서도 증가하고 있다. '메디칼 피트니스'라는 서비스는 피트니스 그룹에는 건강진단과 건강 어드바이스 기능을 부가하고, 병원에는 피트니스 센터가 병설되는 형태로 서로 흡사한 서비스

형태로 나아가고 있다. 또 항공회사의 예약 사이트에는 호텔과 렌터카의 예약기능이, 호텔과 렌터카 회사의 예약 사이트에는 항공권의 예약 기능이 부가되어 양자는 비슷한 서비스를 제공하고 있다.

## 컨버전스형 상품의 공통된 특징

컨버전스형 상품이 발전하는 과정에서는 다음의 단계가 공통으로 나타난다.

**1**_상대방 상품의 기능을 도입한다. (상호학습)

**2**_상품의 개선과 선택이 진전된다. (진화)

**3**_거의 같은 상품으로 된다. (통합)

이러한 과정을 거치는 동안 각각의 상품은 다음과 같은 특징을 지니게 된다.

**1**_다기능 (Multi-function)

**2**_한 곳에 집중 (One Stop)

**3**_소형경량 (Compact)

**4**_저가격 (Price Down)

컨버전스형 상품의 특징은 우선 많은 기능이 한 곳 혹은 하나의 제품에 집중되는 것이다. 휴대전화에서는 인터넷 접속기능, 카메라 기능, PIM(개인정보관리) 기능, GPS 기능, 음악재생기능, 신용카드 기능 등 많은 기능이 탑재되어 있다. 이것들은 원래 각자 다른 제품의 기능이었다.

또 메디칼 피트니스는 처음에는 지리적으로 다른 곳에 위치한 피트니스 그룹과 병원의 제휴에서, 기존의 피트니스에 의료설비를 설치하거나 병원에 피트니스 센터를 개설하면서 '일체화'를 시도하고 있다. 이와 관련하여 메디칼 피트니스의 선진국인 미국에서는 의료서비스와 영양관리, 피트니스 센터가 한 곳으로 통합된 형태의 피트니스 그룹이 등장하고 있다.

그 다음으로 소형경량화와 저가격화가 진행된다. 특히 IT, 디지털 기기에서 잘 보인다. 2005년에 크게 히트한 애플컴퓨터의 디지털 포터블 플레이어 '아이포드(iPod)'는 그 전형이다.

중고령층 전용의 회원제 서비스라는 상품분야에서는 소형경량화는 나타나지 않지만 그 외의 현상은 똑같이 나타나고 있다. 처음에는 서로 차별화를 시도하지만 잠깐 만에 모든 것이 비슷한 내용으로 되어 가격경쟁을 하게 된다.

이 가격경쟁에서 탈피하기 위해서 차별화를 시도하고 잠깐 동안 그것으로 우위에 선다. 그러나 곧 경쟁사가 따라하여 비슷한 내용의 제품을 만들면 다시 가격경쟁에 휘말린다. 가전제품 등을 보면 알 수 있듯이 이러한 과정의 반복 주기가 예전에 비해 점점 짧아지고 있다.

그러면 왜 이 같은 컨버전스 상품이 생겨나는 것일까? 그 이유는 재화의 풍족함에 따른 '소비자 요구의 심화'라는 사회적 배경에 있다.

즉, 컨버전스형 상품은 모든 상품제공자의 차별화 전략의 결과이다. 이러한 전략이 일어나는 것은 점차 다양화되고 심화하는 고객 요구에 대응해야 하기 때문이다. 이 대응을 태만히 하면 상품제공자는 단기간 내에 상품경쟁력을 상실하여 곧 고객을 잃게 된다. 왜냐하면 현대의 고객은 다양한 상품선택권을 갖고 있기 때문에 상품에 대한 안목이 극히 높고, 차별성이 높은 상품을 선택하기 쉽기 때문이다. 또 신상품을 개발할 때 완전히 새로운 상품을 처음부터 개발하기보다 기존 상품에 기능을 통합해 다기능화 하는 편이 용이하기 때문이다.

고객을 잃기 싫은 상품제공자가 상품차별화 정책으로서 컨버전스형 상품의 개발에 매달리는 측면이 있다.

## 컨버전스의 반대
## 디버전스

컨버전스의 반대는 디버전스(Divergence)이다. 디버전스란 기능 분기라는 의미로 사용되지만 같은 것에서 두 개 이상의 다른 것으로 발달하는 것을 말한다. 컨버전스형 상품과 같이 디버전스에 의해 생겨나는 '디버전스형 상품'도 있다. 같은 상품에서 두 개 이상의 다른 상품으로 발달한 것을 말한다.

예를 들면 미국에서 발달하고 있는 시니어세대 전용 주택의 형태로 CCRC(Continuous Care Retirement Community)라는 것이 있다. 이것은 아직 간호가 불필요한 건강한 사람이 입주하는 '독립생활(Independent Living)', 생활에 도움이 필요한 사람이 입주하는 '보호생활(Assistant Living)', 간호가 필요한 사람이 입주하는 '요양생활(Nursing Home)'의 3종류의 건물이 동일 부지 내에 있는 것이다. 사실 CCRC 자체가 각각의 시니어 주택의 컨버전스형 상품이다.

이 CCRC 가 최근에 호텔스타일의 고급스러운 접객서비스를 중시한 '럭셔리형'과 대학과의 연계를 통해 지적 즐거움의 제공을 중시한 '칼리지 링크형'으로 나뉘어 발전하고 있다. 이 CCRC 같은 시니어 전용 주택산업에서는 주택상품이 컨버전스와 디버전스를 반복하면서 한 곳으로 집중되어 다기능화되면서 상품의 진화가 일어나고 있는 것이다.

## 컨버전스형 산업

이 같이 그 산업분야에서 상품 사이의 컨버전스가 강하게 보이는 산업을 '컨버전스형 산업'이라고 한다. 주목해야 할 것은 상품 사이의 컨버전스는 '고객요구의 심화'와 '상품기능의 혁신'이 민감하게 일어나기 쉬운 영역에서 나타난다.

따라서 컨버전스형 산업은 '고객요구의 심화'와 '상품기능의 혁신'이 민감하게 일어나기 쉬운 산업분야라고 말할 수 있다. 그러므로 컨버전스형 산업은 성장산업이라고 할 수 있다.

고도성장에서 저성장으로 이행하는 선진국에서는 사회구조의 성숙화에 따라 컨버전스형 상품이 많아지고 있다. 그 사회적 배경은 상품의 풍족함에 따른 소비자 '요구의 심화'에 있다. 상품이 빈약했던 시대의 소비자는 단일기능의 상품에 만족했지만, 현대의 소비자는 상품에 대한 요구수준이 높아져서 단순한 상품과 서비스로는 만족하지 않기 때문이다.

## 회원제 서비스에서 차별화

이러한 현실은 우리에게 무엇을 말해주는가? 그것은 회원제 서비스에서 누구라도 제공할 수 있는 서비스 몇 개를 모으는 것만으로는 차별화하기 어렵고 차별화된다고 하더라도 장기간에 걸쳐 차별화를 유지하는 것은 불가능하다는 것이다.

따라서 회원제 서비스에서 차별화란 '그 시대가 요구하는 가치의 제공'에서 경쟁타사보다 우위에 서고, 우위를 유지할 수 있는 유예기간 안에 다음 경쟁에서의 차별화를 시도한다는 연속적인 작업인 것이다. 이러한 차별화의 형태로서 다음의 세 가지가 존재한다.

**1**_독점형

**2**_팬클럽형

**3**_킬러 콘텐츠형


첫 번째 독점형의 예로서는 JR 동일본의 '지팡 클럽(Zipang Club)'을 들 수 있다. 이 클럽은 남성 65세 이상, 여성 60세 이상을 대상으로 하는 JR 철도의 운임할인 서비스이다. 이 지팡 클럽의 회원이 되면 모든 JR 철도운임이 연 3회까지는 20퍼센트, 4회째부터는 30퍼센트 할인된다. 연령조건에서 분명하듯이 업무용으로 JR을 이용하지 않는 은퇴자 층을 타깃으로 하고 있다. 회비는 소비세 포함 개인회원이 3670엔, 부부회원이 6120엔이지만 연 3회 이상 장거리 여행을 한다면 수지가 맞기 때문에 회원 수는 90만 명을 넘어섰다.

지팡 클럽은 발족 후 〈어른의 휴일〉이라는 정보지를 발행하고, 패키지여행과 도시락, 청주 판매 등으로 서비스 범위를 넓혔다. 더욱이 2005년 9월부터 수이카(Suica, 전철패스) 기능과 그 외의 서비스를 부가한 '어른의 휴일 클럽 지팡' 및 남녀 만 50세 이상으로 회원의 범위를 넓힌 '어른의 휴일 클럽 미들'을 신설했다.

이것은 일본에서 시니어 전용 유료 회원제 서비스로서는 최대의 회원 수를 보유하고 있다. 그러나 이 서비스는 JR 이외에는 제공할 수 없고, 타사는 이와 같은 서비스가 불가능하기 때문에 독점형의 예로서 소개하는 것이다.

따라서 독점적으로 제공할 수 있는 콘텐츠나 서비스가 있다면 그것은 회원제 서비스의 차별화 카드로 될 수 있다는 것이다.

두 번째인 팬클럽형의 예로서 일본여행의 히라다(平田進也) 씨의 만 명의 팬클럽을 들 수가 있다. 흥미로운 것은 이 회원의 대부분이 할아버지라는 점이다.

히라다 씨는 일본여행의 현직사원이지만 2003년도 영업실적이 5억 엔으로 평균 매출의 5배라는 실적을 기록한 '끼가 넘치는 유명한 직원'이다. 학생시절부터 TV와 라디오 프로그램에 출연한 재주꾼으로 지금까지 400여 회 TV에 출연했다. 그가 여장을 하고 출연하는 방송이 할아버지들의 인기를 독차지하고 있다.

회원 수가 만 명이라는 것은 앞서 이야기한 정기구독 잡지의 회원 수에 비하면 적어 보이지만 한 사람의 인간적인 매력으로 만 명의 팬이 모인다는 것은 대단한 일이다. 이같이 개인의 카리스마로 끌어당기는 팬클럽형도 회원제 서비스 차별화의 한 수단이 될 수 있다.

세 번째로 킬러 콘텐츠형의 예로서 1958년에 설립된 AARP(전미 은퇴자 협회)를 들 수 있다. 미국 워싱턴 DC에 본부를 두고 있는 AARP는 50세 이상의 회원 3500만 명을 거느리고 있는 세계 최대의 고령자 NPO이다. 미 상원의원들이 가장 두려워하는 로비단체이며 50세 이상을 대상으로 하는 마케팅 채널로서 절대적인 영향력을 지닌 단체이기도 하다.

AARP는 초창기에는 퇴직 교직원에게 할인된 보험 상품을 제공하는 것에서부터 활동을 개시했다. 일본에 비하면 사회보장이 약한 미국은 당시에는 민간 보험회사의 고가 보험 이외에는 선택권이 없었다. 이 때문에 시중에는 없는 할인된 보험 상품을 구입할 수 있다는 것이 회원에게 최대의 장점으로 된 것이다.

또한 연령차별에 관한 모든 것에 대해 로비활동을 벌여 차별을 철폐했다. 가장 유명한 것이 '고용에서 연령차별 금지법'의 제정과 연령상한의 철폐이다. 이것에 의해 미국에서는 일부의 예외적인 직종을 제외하고 정년퇴직은 법으로 금지됐다. 능력이 있어도 연령 때문에 무능이하게 퇴식을 당하던 연장자에게 활동기회가 증가하는 것에 따른 장점은 계산할 수 없을 정도로 큰 것이다.

이같이 AARP는 시대가 요구하는 것을 계속적으로 제공함으로써 회원 수를 늘려갔다. 세계 최대의 회원제 서비스인 AARP가 보여주는 것은 서비스를 차별화하기 위해서는 뒤섞임 없이 그 세대가 요구하는 오직 한 가지를 제공해야 한다는 것이다.

회원제 서비스의 차별화 방법으로서 '독점형' '팬클럽형' '킬러 콘텐츠형'의 세 가지에 대해 살펴보았다. 그러나 이런 차별화 수법은 일부 기업에서는 가능할지 모르지만 다른 많은 기업에서는 실행하기 쉽지 않다. 따라서 다른 관점에서의 대책이 필요하다.

## 고객을 '붙잡아 둔다'는 발상을
## 버려라

고객 유지의 벽에 부딪쳐 고전하고 있는 사례에 공통적으로 나타나는 것은 회원제 서비스를 실시하면서 "어떤 방법과 서비스로 고객을 붙잡아 둘 것인가?"라는 발상이다. 나도 "돈과 시간에 여유가 있는 시니어 고객을 회원제 서비스로 붙잡아 두고 싶다"는 상담을 받은 적이 많이 있다.

그러나 이런 대화가 원만하게 진행된 예는 거의 없다. 그 최대의 이유는 '붙잡아 둔다'라는 단어가 가진 함정에 빠진 판매자의 논리가 고객의 요구와 양립하지 못하기 때문이다.

도대체 고객을 '붙잡아 둔다'는 것은 무엇인가?

대개의 경우 회원에게 제공하는 서비스를 통해 회원을 확보해두는 것을 지칭한다. 그런데 회원이 되었기 때문에 붙잡아 둘 수 있는 사람은 거의 없다. 이용자는 여러 개의 카드 중에서 각 카드의 장단점에 따라 사용할 뿐이다.

판매자가 붙잡아 두기를 기대해도 회원은 모래알처럼 빠져나간다. 애초부터 판매자에게 '붙잡혀 있겠다'고 생각하는 사람은 거의 없다. 특히 중고령층은 이런 종류의 '팔아먹기' 자세에 민감하다. 붙잡아 두려는 판매자의 의도가 보이는 순간 구매자는 흥미를 잃고 돌아서는 것이 보통이다. 붙잡아 둔다는 발상이 고객의 마음을 멀어지게 하는 것이다.

이같이 붙잡아 두기라는 것은 판매자의 환상에 불과하다.

물론 가치 있는 것을 제공하고 그 가치가 인정받게 되면 무리
하게 붙잡아 두려고 하지 않아도 고객 스스로 자연스럽게 들어
올 것이다.

## '붙잡아 두기'가 아니라, '안전망'이 되라

미국의 '미스터 핸디맨'은 주로 혼자 생활하는 중고령층을 대
상으로 평범한 공사부터 집안의 액자 설치나 빗물의 홈통 청소
등의 잡역을 대행하는 서비스이다.

미스터 핸디맨 같은 방문 서비스의 강점은 일단 고객의 신뢰
를 획득하면 계속하여 의뢰를 받게 된다는 것이다. 자택의 상황
과 고객의 호감 등을 알고 있는 것도 자주 불리게 되는 이유로
된다.

이 결과 고객에게 다가가는 기회가 많아지고 고객의 상황과
잠재요구를 잘 이해할 수 있게 되어 더욱 고객의 신뢰를 받게
된다. 그렇게 되면 여러 상품과 서비스를 강요하지 않아도 자연
스럽게 이러저런 요구를 의뢰 받게 된다.

이것은 고객에게 심리적으로 가장 가깝고 신뢰받는 안전망
으로 인정받는 것을 의미한다. 따라서 이러한 상담에 신속하게
응답하며 고객에게 만족감을 주면서 자연스럽게 다른 서비스
의 기회를 확대하는 것이 용이하게 된다.

미국에서 애완동물 전용 출장미용 서비스 전국 체인인 '오시

펫 모바일(Aussie Pet Mobile)'은 애완동물 전용 트레일러로 애완동물 보유자의 집을 방문하여 트레일러에서 애완동물을 목욕시키고 미용을 해준다.

오시 펫 모바일에서도 애완동물의 미용을 위해 고객의 집을 방문하면서 미용 이외의 애완동물에 관련된 서비스의 유무를 문의 받는 경우가 많이 있다. 예를 들면 실력 있는 수의사는 누구인가, 어느 메이커의 개 사료가 제일 소화가 잘 되는가 등이다. 이러한 재택서비스 제공자는 한번 고객으로부터 신뢰를 받으면 계속 관계가 이어지는 안전망으로 되기 쉽다.

앞으로 고령화가 더욱 진전되면 사회적 안전망에 의해 보호받지 못하는 사람도 많이 증가할 것이다. 이 때문에 안전망의 기능을 갖는 서비스의 제공자가 고객의 자택을 찾아가는 '출장 안전망'이 필요하게 될 것이다. 재택서비스는 간호나 요양 이외에 이러한 영역으로 점차 확산되어 갈 것이다.

**시니어세대 전용 회원제 서비스는 고객의 안전망이 되라**

4장에서 언급한 팔 시스템 생활협동조합연합회에서는 조합원의 생애 단계에 대응하여 3종류의 상품 카탈로그를 발행하고 있다.

취학전 자녀를 둔 사람을 대상으로 한 〈얌얌〉, 학령기 아이들이 있는 가정용으로 〈마이키친〉, 그리고 자녀 양육이 끝나고 고급스러운 음식과 생활을 추구하고 싶은 사람 전용의 〈기나리〉가 그것이다. 게재되어 있는 상품메뉴는 당연히 먹거리가 중심이지만 품격 있는 식생활을 돋보이게 하는 와인 잔과 그릇 등의 식기와 안전성이 높은 세제 등도 취급하고 있다.

근래에는 O-157균에 의한 식중독, 유키지루시(雪印) 사건,[13] 광우병, 조류독감 등 식품의 안전성에 대한 신뢰를 무너뜨리는 사건이 많이 발생하고 있다. 이러한 사건이 일어날 때, 소비자가 고민하는 것은 진상을 알기 위해서 누구에게 물어봐야 할 것인가이다. 팔 시스템연합회에서는 오래전부터 산지생산품과 무농약 유기재배의 식품을 취급했고, 그 분야에 관한 지식도 상당히 축적되어 있다고 생각되기 때문에 앞으로 식품에 관한 사건이 발생했을 때 식품분야에서의 안전망으로 띌 가능성이 충분하다.

또 1장에서 취급했던 뉴리그의 〈이키이키〉는 2005년 10월 현재 41만 명의 정기구독자가 있지만, 11만 부를 넘어서 20만 부로 약진한 원동력은 성루가 국제병원 명예원장인 히노하라(日野原重明)의 연재물 "좋은 생활태도"였다. 히노하라의 "좋은 생활태도"를 읽고 싶다는 이유에서 구독을 시작한 사람이 많았던 것이다. 그 의미에서 〈이키이키〉도 앞에서 말한 '킬러

---

**13**_2000년 6월에서 7월에 걸쳐 긴키 지방을 중심으로 발생한 유키지루시뉴교(雪印乳業)의 유제품(주로 저지방유)에 의한 식중독 사건. 환자 수 13,429명으로 과거 최대의 식중독으로 손꼽힌다.

콘텐츠형'의 사례이다.

한편 앞에서 말한 대로 〈이키이키〉의 콜센터에는 독자와 상담을 하는 100명의 전임 전화 상담원이 있다. 이곳으로 41만 명의 독자로부터 여러 가지 상담과 문의가 밀려들고 있다. 〈이키이키〉를 비롯한 양질의 서비스를 통해 신뢰를 가진 독자가 무엇인가 듣고 싶은 것이 있으면 우선 이 콜센터에 상담하게 되는 것이다. 이렇게 되는 것이 '안전망'이다.

이들의 사례에서 알 수 있듯이 고객에게 신뢰받는 회원제 서비스는 고객이 무엇인가 알고 싶거나 필요한 것이 있을 때에 제일 먼저 상담하는 안전망과 같은 존재인 것이다. 따라서 회원제 서비스에서 목표로 삼아야 하는 것은 고객을 붙잡아 두는 일이 아니라 고객의 안전망이 되는 것이다.

# 6장
# 수익 향상의 벽

비즈니스 모델의 시야를 확대하라

'단독고립형'에서 '연결연쇄형'으로

## 많은 예산을 투자해도 수익이
## 오르지 않는다

"많은 예산을 쏟아 부어도 전혀 수익이 오르지 않는다. 왜 그럴까?" 이러한 고민을 기업경영자로부터 자주 듣는다. 인터넷 비즈니스의 대부분이 그 전형이다.

홈페이지 구축에 많은 비용을 들여 조회수가 어느 정도 올라가기는 하지만 많은 광고비를 들인 정도의 수준에는 도달하지 못하는 것도, 무료의 정보사이트가 다수 난립하는 현상에서는 어찌 보면 당연한 일일지도 모른다. 또 인터넷 쇼핑몰을 개설해도 결제방법이 번거롭거나 지명도가 낮은 이유로 매출과 결합하지 못하는 경우도 많다. 중장년의 경우 상품품질과 브랜드이미지의 양면에서 어느 정도 자신이 신뢰하지 못하고 납득할 수 없으면 구매로 이어지지 않는 경우가 많다. 이와 같이 사이트 조회수가 매출로 직접 연결되지 않는 반면 사이트의 유지비용은 계속적으로 필요하기 때문에 운영에 어려움을 겪는 경우가 끊이지 않는다.

한편 금융계 기업이 시니어세대 전용으로 실시하는 무료 자산운용 세미나도 같은 모양이다. 무료인 까닭에 시간에 여유 있는 중장년으로 회의장은 대체로 만원이다.

그런데 세미나 종료 후에 실제로 금융상품의 구입을 신청하는 사람은 그다지 많지가 않다. 참가자 중에 '무료 정보나 받아보자'는 냉정한 고객이 많기 때문이다. 회의장, 강사, 선전 등에 많은 비용과 수고를 들여도 그다지 수익으로 연결되지 않아서 주최기업 입장에서는 두통거리이다.

## 퇴직자를 위한 제3의 장소의 맹점

이들 고민의 공통점은 점포로 늘어오는 내점자는 많지만 내점자가 많다는 것이 수익으로 이어지지 않는다는 것이다. 그것에 대해 전술한 '제3의 장소'라는 콘셉트가 그 해결의 결정적인 수단이 된다고 기대하는 사람도 많이 있다.

직장에 다니던 사람이 퇴직한 후에 직면하는 문제의 하나는 매일 정기적으로 갈 수 있는 곳이 없다는 점이다. 따라서 그러한 퇴직자를 위해 다음의 네 가지 조건을 만족하는 제3의 장소를 만든다면 거기에는 많은 사람이 모일 것이다.

**1**_몇 번이라도 이용할 수 있는 핵심서비스가 있다.

**2**_새로운 친구를 사귈 수 있는 계기가 많다.

**3**_생활에 도움이 되는 정보를 많이 얻을 수 있다.

**4**_건강유지, 교양, 기술향상을 위한 기회가 많다.


그런데 문제는 이러한 제3의 장소를 만들어 사람이 많이 모인다고 해서 곧바로 수익으로 연결되지는 않는다는 점이다.

이것은 중고령층을 대상으로 하는 많은 NPO들을 보면 알 수 있다. 퇴직자의 사회참여를 촉구하는 단체, 시니어세대의 컴퓨터 능력의 숙달을 목적으로 하는 단체, 여러 가지 서클 활동을 지원하는 단체 등 지금 시니어 중심의 NPO들은 수없이 많이 생겨나고 있다. 그러나 그 대부분이 실질적으로 적자를 면하지 못하고 있다.

그 이유는 그러한 비영리단체의 대부분이 단순한 취미 서클의 범위를 벗어나지 못하고 사업체로서의 체재를 갖추고 있지 못하기 때문이다.

## NPO는 수익을 올리지 못한다는
## 오해

일본에서는 중고령층이 중심이 된 NPO를 설립하는 경우 현역 비즈니스맨 시대와 다르게 "수익을 올리는 것이 목적이 아니기 때문에 수익을 올리지 않아도 좋다"고 생각하는 사람이 많다. 이에 대해 NPO 활동의 오랜 역사를 지닌 미국 NPO의 실태는 '비영리조직'으로 번역된 일본어가 주는 이미지와 크게 다르다. 미국의 NPO 대부분은 501(C)(3)으로 불리는 법률에 따라 등기된 법인, 즉 '기업'이다.

기업이 존속하기 위해서는 이익이 절대적으로 필요하다. 이 점은 영리기업도 비영리기업도 동일하다. 양자의 차이점은 그 이익이 '누구에게, 어떤 이익인가?'이다.

미국에서는 영리기업의 이익이란 통상 주주이익을 지칭한다. 비영리기업의 이익은 그 기업의 강령에 따른 공공의 이익을 지칭한다. 영리기업과의 차이점은 경영자에 대하여 이익의 재분배를 하지 않는다는 것이다. 그래서 '비영리 단체(Non Profit Organization)'이라고 부르는 대신에 '공익기업(Public Benefit Corporation)'으로 부르는 사람이 미국에서도 증가하고 있다. 활동의 실태에서 본다면 이렇게 부르는 편이 적절히디.

이렇게 말하면 미국의 NPO는 일본의 사단법인 등의 '공익법인'과 같은 것으로 들릴지도 모른다. 그러나 이 두 가지 사이에는 큰 차이가 있다. 미국의 NPO는 공개기업과 같은 책임이 요구된다.

결국 경영의 투명성이 엄격하게 요구되는 것이다. 회계는 모두 공개되고 경영상황은 NPO의 직원을 제외하고 구성된 이사회(단 NPO의 사장은 참가)의 점검을 받는다. 본래 공공이익을 위해 만들어진 공익법인의 대부분이 관료의 낙하산 인사나 특정업계의 이익확보에 이용되고 불투명한 경영체질로 되어 있는 일본의 상황과 크게 차이가 난다. 실리콘밸리에 있는 아브니다스(Avenidas)라는 NPO의 시니어센터(일본의 노인 클럽과 구민회관을 합친 형태의 시설)의 재무담당 부사장이 한 말에 나는 깊은 인상을 받았다.

"우리들은 '이익'을 만들어내야 합니다. 적자가 되면 조직은 끝나기 때문입니다. 우리들은 그것을 한시도 잊을 수 없습니다."

비영리조직이라고 번역되는 NPO는 이익을 올리면 안 되는 단체이고 적자는 당연하다고 생각한다면 그것은 대단한 오해이다. 일본의 NPO는 경영의 투명성과 함께 이익을 내는 것에 대해서도 깊이 숙고해야 한다. 왜냐하면 NPO 설립의 근본 취지가 되는 어떤 목적을 달성을 위해서는 이익이 불가결하기 때문이다.

일본의 NPO가 진실로 사회에서 존경 받는 존재로 되기 위해서는 경영자와 참가자 모두가 '기업경영에 참여한다'는 책임의식이 무엇보다 요구된다.

## 수익 향상의 벽에 부딪치는 사례의 공통점

비영리기업도 영리기업과 마찬가지로 존속하기 위해서는 수익을 올려야 한다는 것을 이제 이해했다면 다음의 문제는 '어떻게 하여' 수익을 향상시킬 것인가이다.

기업의 수익 향상책은 그 기업의 상황에 따라 천차만별이다.

여기에서는 점포에 들어오는 내점객은 많지만 그것이 수익으로 이어지지 않는 상황에서 강구할 수 있는 수익 향상책에 초점을 맞추기로 한다. '수익 향상의 벽'에 부딪친 사례의 공통점은 다음의 것들이다.

**1**_ 많은 고객이 내점하지만 도대체 상품을 파는 구조와 체제가 아니다. (대부분의 NPO 등)

**2**_ 내점객에게 상품에 대해 알리고는 있지만 고객에게 상품의 가치를 설득시키지 못해 상품을 팔지 못한다. (많은 무료 세미나, 인터넷 쇼핑 등)

**3**_ 내점객이 사고 싶은 마음이 있어도 상품을 바로 구매하기 어려운 구조 때문에 살 수가 없다. (인터넷 쇼핑, 삽시 등)

이런 과제들을 해결하기 위해서는 다음 세 가지 요건이 필요하다.

**1**_ 내점하는 예상 고객에게 상품을 파는 구조와 체제를 갖춘다.

**2**_ 상품의 가치를 설득시킬 방법을 연구한다.

**3**_ 물건을 사려는 고객이 쉽게 살 수 있도록 구입의 심리적 문턱을 낮춘다.

다음에 이러한 연구로 수익을 향상시킨 예를 보기로 하자.

## 많은 내점객이 수익 향상으로 이어지는
## 비즈니스의 예

미국의 메이저리그의 2005년도 총 입장객 수는 사상최대인 7491만 명에 달했다. 30개 구단 중 16개 구단의 입장객이 250만 명 이상이었다. 이 만큼의 사람들이 구장에서 소비한 것은 단순히 시합의 입장료만은 아니다.

시합을 보면서 소리를 지르며 응원을 하기 때문에 목이 말라 맥주나 음료수를 마신다. 마시면서 핫도그와 햄버거, 피자, 팝콘, 아이스크림 등을 사먹게 된다. 한 시합이 보통 2시간에서 3시간 정도 걸리기 때문에 그곳에 있는 사이 이렇게 먹는 것을 반복한다. 또 메이저리그 구장의 경우 VIP 석에 앉으면 관람석에서 음식물의 주문이 가능하고 그곳까지 주문품을 가져다준다. 게다가 지불은 좌석에 앉아서 신용카드로 지불하는 것도 가능하다. 이러한 편리성 때문에 여분의 시간에 주문하게 된다.

그리고 경기 전후에 구장 내외의 점포에서 응원 팀 선수의 T셔츠나 캐릭터 상품을 구입하거나 다음 시합의 티켓도 구입한다. 이렇게 한 사람의 입장객이 소비하는 돈은 경기장 입장료의 몇 배가 되기도 한다. 이러한 구조는 디즈니랜드 등 야외 테마파크에서도 기본적으로 동일하다.

대규모 미술관도 이것과 비슷한 모델이다. 예를 들면 뉴욕의 메트로폴리탄 미술관과 파리의 오르세이 미술관은 단순히 미술관이라기보다 미술관을 중심으로 하는 종합문화센터라고 말하는 편이 좋을 것이다.

소규모 미술관이라면 미술관에 전시품이 있고 입장객은 그 전시품을 보고 나면 그 미술관을 나가게 된다. 그러나 대규모 미술관의 경우, 우선 모든 전시품을 보는 데 반나절은 걸린다. 이 때문에 도중에 카페나 휴게실에서 휴식을 취한다. 또 관내에 도서관과 관련된 상품을 파는 점포가 있어서 전시품의 감상이 끝나면 그곳에서 시간을 보내기도 하고 상품을 사기도 한다. 그 중에는 연주회나 전시에 연관된 강연이 개최되는 곳도 있다.

이것들을 다 보고 난 후에도 미술관을 나가는 것이 아쉽기 때문에 관내의 레스토랑에서 식사를 한다. 이러한 미술관에 있는 레스토랑은 일본의 공공미술관에 흔히 있는 패스트푸드점 같은 것이 아니라 미술관의 분위기에 꼭 맞는 것이 대부분이어서 미술관에서의 감상의 느낌을 더욱 깊게 만들어준다. 그래서 식사가 끝나고 휴식을 하고 나면 또 전시 코너에 되돌아가서 아직 보지 못한 전시물을 감상하거나 마음에 들었던 전시물을 한 번 더 감상하게 된다. 그리고 피곤해지면 또 휴식하며 먹고 마신다.

이같이 대규모 미술관에서도 한 사람의 '입장객'이 소비하는 돈은 미술관 입장료의 몇 배로 된다.

한편 인터넷 쇼핑몰의 선구자인 아마존도 유사한 모델이다. 이번 장의 처음에 내점객이 많아도 수익이 오르지 않아 고전하고 있는 예로서 인터넷 쇼핑몰을 이야기했지만 이 분야의 선두주자 아마존은 예외이다.

아마존을 이용한 사람은 잘 알고 있지만 '원 클릭'이라는 주문방식을 선택하면 단 한 번의 클릭으로 책의 주문과 지불이 한 번에 끝나게 된다. 이 구조 덕택에 "인터넷 쇼핑은 지불과정이 번거롭다"라는 이미지가 크게 바뀌었다. 아마존은 1996년에 이 구조의 비즈니스 특허를 취득해 당시 대단한 화제가 됐다.

이같이 구입까지의 문턱을 낮춘 것과 더불어 책을 주문한 고객에게 "이 책을 산 사람은 이런 책도 샀습니다"라고 하며 몇 권의 추천리스트를 제시한다. 고객이 또 한 권을 주문하면 그 관련서를 계속 추천한다.

아마존에서 책을 사는 사람은 서점에 가는 것이 귀찮거나 혹은 바빠서 서점에 갈 시간이 없는 사람이 많다. 이러한 사람은 그 책을 사는 목적이 확실하기 때문에 연관이 있는 책을 추천 받으면, 그 책의 독자 리뷰를 읽게 된다. 그리고 독자의 리뷰를 읽고 이 책도 읽어 두면 좋겠다는 생각이 들면 또 '원 클릭'으로 주문하게 된다. 게다가 90분 이내에 많은 책을 사면 배송료를 할인해준다는 메시지에 자극 받아 계속 사게 된다.

아마존의 예에서도 한 사람의 방문자가 소비하는 돈은 그 사람이 당초 예상했던 것보다 많아지게 되는 것이다.

지금까지 취급한 '야외 엔터테인먼트' '대규모 미술관' '아마존'의 공통점은 한 사람의 '입장객'이 소비하는 돈이 그 점포 입장료의 몇 배로 된다는 것이다. 이렇게 되는 이유는 하나의 소비행동이 다음 소비행동의 의욕을 환기시키는 상품과 서비스의 체계로 되어 있기 때문이다. 이렇게 소비의욕을 '연쇄적'으로 일으키게 설계되면 내점자의 소비행동은 계속 이어지게 된다.

또 다른 이유로는 입장객이 그곳에 머무르는 '잠재시간'이 길어지게 하는 상품과 서비스의 구조로 되어 있기 때문이다. 그 결과 입장료 수입에서는 수익이 적더라도 입장객이 물건을 사는 개개의 장면을 '연결'하여 보면 많은 수익을 올리게 되는 것이다.

## 중고령층이 많은 점포의 '연결연쇄형' 비즈니스 모델의 예

이 같은 '연결연쇄형'의 모델은 중장년 전용의 비즈니스에도 있다. 평일에도 중상년이 살 가는 온천탕이라는 입태가 바로 이 구조이다. 600엔 정도의 입욕료로 천연 온천을 비롯하여 10여 종의 사우나를 즐기는 것이 집객의 구심력으로 작용하고 있다.

그러나 입욕료만으로는 그 정도의 이익은 올리지 못한다. 사우나를 하면 땀을 흘리고 갈증이 나게 된다. 그래서 사우나에서 나오면 맥주나 주스를 마시게 되고, 마시면 무엇인가를 먹게 된다. 먹고 나면 쉬고 싶은 생각이 들어, 수천 엔의 마사지를 받거나 유료 휴게실에서 쉬게 된다. 휴식 후에는 이발을 하거나 때를 미는 사람도 있다. 그리고 사우나에 되돌아가서 이 과정을 반복하기도 한다.

그 결과 일인당 객단가는 평균 입욕료의 4~5배로 된다.

이용자가 중고령층이라는 제한은 없지만 동경의 도쿄 돔에 인접한 라쿠아(Laqua) 내의 '스파라쿠아(Spa Laqua)'라는 시설도 같은 모델이다.

스파라쿠아의 경우 입욕료가 성인 2565엔(별도 공간의 5가지 저온 사우나의 코너를 이용하려면 315엔 추가)으로, 온천탕의 4배 정도의 가격이지만 레스토랑, 레이디스케어, 릴렉세이션, 트리트먼트 등의 메뉴가 뛰어나고 충실하기에 인기가 있다.

또 라쿠아 내에서는 입장할 때 주는 '손목밴드'로 계산할 수 있기 때문에 현금을 지니고 다니지 않아도 구매하는 데 지장이 없다. '간단히 구입할 수 있다는 것'이 아마존의 원클릭과 같이 입장객의 지갑 끈을 느슨하게 하는 역할을 한다.

이 비즈니스의 특징은 몸의 신진대사를 촉진하는 것이 소비로 연결되는 '신진대사형 비즈니스'라는 것이다. 실은 가라오케도 이 신진대사형 비즈니스의 전형이다.

또 여러 번 인용한 '마더 카페 플러스'도 연결연쇄형 비즈니스이다. 마더 카페에 들러 식사를 하게 되면, 거기에서의 식사가 계기가 되어 서로 얼굴을 익히게 된다. 또 친교의 매력과 점원의 권유로 카페에서 병설한 공간에서 여러 가지 프로그램에 참가하게 된다. 그곳에는 컴퓨터교실에서 엔터테인먼트, 재즈 댄스 형식의 피트니스까지 40종류 이상의 메뉴가 있다. 따라서 각 이벤트나 프로그램 활동을 통해 비슷한 흥미를 가진 사람들과 동료가 된다.

그리고 적극적인 동료가 다음의 활동을 만들어내고 그 활동이 또다시 다음 활동을 만들어 낸다. 이것은 지적인 활동이 정신적인 신진대사를 촉진하고 다음 소비활동을 촉진하는 것으로 '지적 신진대사형 모델'이라고도 할 수 있다. 이같이 카페만으로는 수익이 나오지 않아도, 마더 카페 플러스의 활동 전체에서 수익이 창출되는 것이다.

도쿄 니혼바시(日本橋)의 미스코시 백화점도 이것과 유사한 면이 있다. 미스코시에는 매장 이외에 여러 가지 문화활동을 할 수 있게 해놓았다. 미스코시 문화 살롱이라는 문화교실은 청결한 인테리어로 차분한 분위기이다. 회원은 60대의 멋쟁이 중고령층 여성들이 대부분이다. 또 별도의 층에는 무료로 입장하는 미술화랑에 항상 50∼60점의 작품 전시회를 열고 있어서 여성만이 아니라 남성도 내장객의 반을 차지한다. 더욱이 미스코시 극장은 중장년층이 좋아하는 연극을 자주 공연한다. 이렇게 살롱과 화랑, 극장 등에서 작품을 관람하고 담소를 즐긴 후, 쇼핑도 즐기다 보면 내점객의 전체 체류시간이 길어지는 구조로 되어 있다.

니혼바시 미스코시도 작품 감상과 살롱에서의 담소 등의 지적 활동을 즐기는 장소를 만들고 그것을 통해 소비의욕을 촉진시키는 것으로, 마더 카페와 같은 '지적 신진대사형 모델'이라고 할 수 있다.

한편 중장년층에게 인기 있는 도쿄 신주쿠(新宿)의 게이오(京王) 백화점도 '연결연쇄형' 비즈니스 모델의 예로 볼 수 있다.

의류는 다른 백화점에 비교하여 젊은 층보다 중고령층 전용 상품이 압도적으로 많다. 다른 백화점의 중고령층 전용의류에 비해 비교적 밝은 색을 사용한 것이 많고 큰 사이즈까지 갖추어져 있다. 바겐세일 때 고객이 많지만 평일에도 행사장에는 중고령층이 꽤 많이 온다. 식품 매장에는 가정의 식탁에 늘어놓은 듯한 일식, 양식, 중식 메뉴가 일인분씩 소포장으로 되어 있는 코너가 있다. 그곳은 남녀 중고령자들이 성황을 이루고 있다.

## 연쇄 모델에서는 쉴 수 있는
## 공간이 필요

이같이 편안하고 서민적이면서 좋은 물건이라는 이미지를 가지면 특별한 목적이 없어도 그 매장을 찾게 된다. 그리고 매장에서 일어나는 여러 가지를 구경하다가 친절한 점원의 권유를 받게 되면, 어느새 사게 된다.

내점객이 산 것은 바로 서민적이면서 좋은 물건이라는 '매장체험'이다.

다른 백화점과 비교하여 게이오 백화점의 매장에는 의자가 많이 있다. 이것은 바로 옆에 있는 오다큐(小田急) 백화점과 비교하면 잘 알 수 있다. 보통 이러한 의자는 계단이나 에스컬레이터 옆의 통로에 두는 것이 대부분이지만, 게이오 백화점의 경우는 바겐세일 행사장에도 많은 의자를 놓아 중장년 고객이 언제든 앉아 쉴 수 있게 배려했다.

사실 중장년층에게는 도중에 쉴 수 있는 장소가 꼭 필요하다. 쉬고 싶을 때 쉴 수 있는 것도 상품가치의 일부분이다. 앞서 이야기한 사우나에 고령자의 재방문이 많은 것도 도중에 휴식이 가능하기 때문이다. 휴식을 적절하게 취할 수 있기 때문에, 사우나에 계속하여 머무를 수가 있는 것이다.

재미있는 것은 의자에 앉아 있으면 누군가 와서 상품을 권유한다. 권유하는 말에는 열의가 넘치지만 결코 강요하는 느낌은 없다. 내 옆에 앉아있던 60대 가량의 부인은 신고 있던 신발을 점원이 닦아준 후, 그 신발닦이 스프레이 세트 2개를 구입했다.

매장에 배치되어 있는 많은 의자는 입장객에게 휴식의 장을 제공함과 동시에 기분 나쁘지 않게 상품과 접촉하는 기회의 장도 만드는 것이다.

## 서로 매출을 연쇄적으로 증가시키는
## 상승효과형 모델

연결형은 아니지만 서로 매출을 연쇄적으로 증가시키는 상승효과형 모델의 예가 미국 라스베가스에 있는 쇼핑몰 '포럼숍스(Forum Shops)'와 고급호텔 '시저스 팔레스'의 조합이다. 포럼숍스는 라스베가스에서 가장 유명한 쇼핑센터다. 구치, 루이

뷔통 등 일류 브랜드에서 서민적인 점포까지 약 106개의 점포가 모여 있다. 전천후형의 천장으로 하늘의 경치가 시시각각 변하는 등 여러 가지가 연출이 되어 방문객을 즐겁게 해준다.

여기의 특징은 단순하게 매장을 모아둔 것이 아니라 고대 로마를 연상시키는 '색다른 공간'과 '쇼핑몰'을 융합한 것이다. 소비자는 일상과 다른 공간을 체험함으로써 평소보다 자연스럽게 구매를 하게 된다.

더욱 중요한 것은 라스베가스에서 가장 유명한 고급호텔인 시저스 팔레스의 카지노와 직결되어 있다. 포럼숍스는 평일은 23시까지, 금요일과 토요일은 24시까지 개점한다. 이 때문에 카지노에서 돈을 딴 사람이 급하게 쇼핑을 할 때에도 이용할 수 있다. 또 라스베가스의 중심부에 위치하여 어느 호텔에서도 가기 쉬워서 많은 사람이 모인다. 따라서 쇼핑을 하러 온 외부의 고객이 시저스 팔레스의 카지노에서 즐기는 경우도 많은 것이다.

## 다른 업종과 연합하여 단독고립형을 연결연쇄형으로

지금까지 설명한 예의 공통점은 비즈니스 모델이 '단독고립형'이 아니라 '연결연쇄형'인 점이다. '연결연쇄형'이란 그곳에 모여든 고객의 체류시간이 길어져서 고객이 자연스럽게 돈을 쓰게 되는 형태이다. 따라서 객단가가 높아지게 된다. '수익 향상의 벽'에 직면한 때는 이러한 구조가 성립하고 있는지 비즈니스 모델을 재점검해볼 필요가 있다.

최근 지방의 중심시가지 활성화가 자주 화제로 된다. 예전부터 활성화되어 있던 상업지역은 주로 '지하 쇼핑센터'인데, 집객의 핵이 되는 시설이 있어서 그 주변에 모이는 고객을 타깃으로 하여 발달된 형태이다.

예를 들면 도쿄 하마마치(兵町)에 있는 메이지자(明治座)와 닌교쵸(人形町) 상점가 주변과 긴자(銀座)의 가부키자(歌舞伎座)와 히가시(東) 긴자 주변이 그 예이다. 메이지자는 일본의 대표적 소설가인 다니자키 준이치로(谷崎潤一郎)의 《세설(細雪)》이란 문학작품을 연극으로 무대에 올리고 있는 극장이다. 관람객은 50대 후반에서 60대 이상의 중고령층이 중심이다.

이러한 노년층을 타깃으로 하여 닌교초의 중심상사에는 예전부터 일식과자, 일식, 여성 전용의 양장점 등이 다수 늘어서 있었다. 그런데 메이지자의 집객력이 떨어짐에 따라 주변의 상점가도 서서히 쇠퇴해가고 있다. 상점가가 집객의 핵으로 되는 시설의 집객력에 의존하고 있기 때문이다.

매출이 저조한 상업시설과 상점가의 공통점은 그곳에 있는 점포가 서로 '단독고립형' 모델로 되어 있는 것이다. 결국 중심점포와 주변의 다양한 점포가 내장객의 소비의욕을 연쇄적으로 일으켜 그 지역 전체의 잠재시간을 길게 하는 구조로 되어 있지 않은 것이다.

이러한 경우에는 여러 점포가 서로 연합하여 그 지역 전체를

'연결연쇄형' 모델로 만들 필요가 있다. 한 가지 방법으로서 쿠폰에 의한 인센티브를 활용하는 방법이 있다. 메이지자와 닌교쵸 상점가를 예로 든다면 메이지자의 회원 혹은 메이지자에서 관람한 사람에게는 닌교쵸 상점가의 구매할인쿠폰을 증정하는 것이다. 또 거꾸로 닌교쵸 상점가에서 일정 금액 이상을 구매한 사람에게는 메이지자 관람티켓의 할인쿠폰을 증정하는 것이다. 혹은 포인트를 카드에 적립해 주어도 좋을 것이다. 메이지자에서의 공연과 연동하여 포인트를 증정하는 방법도 있을 것이다. 예를 들면 '세설'의 공연일에는 다니자키가 다녔던 양식당에서 '다니자키 메뉴'를 제공하고 평소보다 3배의 포인트를 증정하는 방법이다.

서로 다른 업종의 기업들이 연합해 이처럼 포인트를 상호 인정하고 있는 경우가 신흥기업에서 자주 보인다. 예를 들면 CD, DVD 대여회사인 츠타야(蔦屋)는 로손, 신일본석유, 전자상가 기타무라, 전일본항공 등 12개 회사와 제휴해 자사와 제휴사의 포인트를 상호 인정해준다. 또 라쿠텐(樂天) 등의 인터넷 기업에서는 이러한 포인트를 타사와 인터넷상에서 상호 교환할 수 있도록 하는 사례가 증가하고 있다.

## 연결연쇄형 모델을 만드는 것이
## 시스템보다 중요

이처럼 서로 다른 업종이나 기업 사이에서 포인트를 합산하는 제도를 실시하려면 시스템을 구축하는 데 많은 비용이 발생하기 때문에 기업규모가 어느 정도 돼야 한다. 그러나 여기에서 중요한 것은 포인트 제도의 운용 시스템을 만드는 것이 아니다.

중요한 것은 집객의 핵이 되는 시설과 그 주변의 점포 사이에 실질적인 연결연쇄형 모델을 만들어 시너지 효과를 내는 것이다. 그렇기 때문에 임시로 종이 할인권이라도 만들어 시험해볼 수 있을 것이다. 예를 들면 상가의 한 식당에서 식사를 한 사람이 후식으로 아이스크림을 먹고 싶으면 가까운 아이스크림 가게에서 10퍼센트 할인된 가격으로 먹을 수 있게 하고, 그 아이스크림 가게에서는 다시 근처 옷가게의 할인권을 준다. 그 옷가게에서 고객이 일정 금액 이상을 구매하면 이 상가의 할인 티켓을 주는 식이다.

지역 차원에서의 연합 움직임은 이미 존재하고 있다. 가나가와(神奈川) 현에서 유가와라(湯河原), 마나즈루(眞鶴), 아타미(熱海), 하코네(箱根)의 네 도시가 제휴한 '웨스트4(WEST 4)'라는 시민그룹이 그 예이다.

온천지로 유명한 이 도시들은 지금까지 경쟁관계에 있었다. 그러나 최근 많은 온천지역이 그런 것처럼 이들 온천지역도 예외 없이 관광객이 계속 감소하고 있다. 위기감을 느낀 숙박시설 경영자, 농가, 음식점 주인들이 제휴를 도모하고 방문객을 증가시키는 일에 협력하게 됐다.

활동방향은 각 지역의 특수성을 부각시키는 방향으로 진행

됐다. 각 지역의 흥미로운 장소를 순회하는 '미스터리 투어'에서는 오래된 온천터나 사적 등 현지인밖에 모르는 장소를 안내한다. 또 투어를 하는 중에 방금 배에서 내린 어패류를 식사에 제공하는 등, 통상의 레스토랑에서는 먹을 수 없는 토속적인 특색을 지닌 것을 제공한다.

또한, 웨스트4에 가입한 회원은 자신이 아직 잘 모르는 장소를 찾아 여러 곳을 탐방한다. 그곳에 살고 있다고 해서 지역의 모든 것을 알고 있는 것은 아니기 때문이다. 관광객의 눈높이에서 관광지로서의 매력을 평가하고 그 지역을 탐방하는 가치를 어떻게 하면 향상시킬 것인가에 대해 지혜를 짜내고 있는 것이다.

이같이 그 지역 내의 한 점포에서 소비하면, 자연스럽게 다른 점포에서도 무엇인가 사고 싶게 만드는 연쇄의 조합을 생각하는 것이 대단히 중요하다. 이것이 그 지역의 가치를 높이는 길이다. 사양화되고 있는 업태와 점포의 경영자는 철저하게 고객의 시점에서 이러한 발상전환이 필요하다.

# 7장
# 신규 사업의 벽

신규 사업의 목적을 바꿔라

매출 확대에서 적응력 확대로

1장에서 6장까지 시니어 비즈니스의 현장에서 직면하는 여러 가지 벽과 그러한 벽을 돌파하는 단서를 기술했다. 그러나 또 하나의 넘기 어려운 벽이 있다. 바로 '신규 사업의 벽'이다.

기존의 수익사업이 잘 돌아가고 있는데 변화를 시도하여 새로운 사업을 시작하면 반드시 여러 가지 마찰이 발생한다. 지금까지의 경험에 비추어 볼 때, 시니어 비즈니스에서는 6장까지 기술한 벽에 더하여 신규 사업을 시작하는 데 흔히 나타나는 여러 가지 '사내의 벽' 때문에 어려움이 가중된다.

따라서 이러한 사내의 벽을 어떻게 돌파하는가가 시니어 비즈니스를 성공시키는 관건이 된다. 중소기업과 대기업은 공통점도 있지만, 사내를 둘러싼 벽의 종류가 다르기 때문에 이 두 가지를 나누어 이야기 하고자 한다.

## 중소기업에 유용한 다른 업종 기업과의 제휴 전략

신규분야에 참여하기 위해서는 (1)시류를 파악한 사업기획,

(2)차별화된 상품과 서비스, (3)적절한 판매 채널, (4)타깃 고객 전용 브랜드가 필요하다.

나는 많은 기업의 신규 사업 진출에 관여해봤지만 대기업보다도 중소기업에서 신규 사업 진출 장벽이 더 높은 경향이 있다. 그 이유는 대개의 경우 다음의 네 가지 때문이다.


**1**_좋은 기획이 나오지 않는다.

**2**_자사의 상품과 서비스로 차별화가 불가능하다.

**3**_기존의 판매채널로는 타깃 고객에 접근할 수 없다.

**4**_타깃 고객에 대하여 지명도가 낮다.


이처럼 '없나, 못하나'고 하는 것투성이인 상태에서, 중소기업이 신규 사업을 진행하기 위해서 처음부터 끝까지 모든 것을 직접 다루는 것은 적절하지 않다. 이 때 반드시 필요한 것이 다른 업종의 기업과 제휴하는 전략이다. 제휴전략이란 한마디로 말하면 자사 단독으로는 불가능한 것을 가능하게 하기 위한 전략이다.


## 시니어 비즈니스에서 다른 업종 기업과 제휴하는 목적

여기에서 다른 업종의 기업과 제휴하는 목적을 정리해보자. 시니어세대 고객을 대상으로 한 비즈니스의 경우 다음의 네 가지가 목적인 경우가 많다.

**1**_ 시니어세대로 접근 채널을 갖고 싶다.

**2**_ 시니어세대를 고객으로 하는 상품이 자사만으로는 부족하기 때문에 타사 상품으로 보완하고 싶다.

**3**_ 시니어세대의 요구를 알고 싶고 시니어세대를 끌어들일 상품 개발을 하고 싶다.

**4**_ 시니어세대를 겨냥한 브랜드의 인지도 및 이미지를 향상시키고 싶다.

(1)이 목적인 기업은 지금까지 개인고객을 상대로 직접 비즈니스를 한 적이 없는 제조회사 등이 많을 것이다. 이 경우 이미 많은 중고령층을 포함하고 있는 회원제 조직 등이 제휴 상대로 될 것이다. 또 개인 고객을 상대로 직접 비즈니스는 하고 있지만 고객이 젊은 층이 많고 중고령층이 적은 업태도 이 경우가 될 것이다.

(2)가 목적인 기업은 신규로 시장에 참여하기 위해서는 자사에서 취급하지 않는 상품을 타사에서 사입하거나 타사 제품을 OEM으로 판매하는 상사 등이 많다. 이 경우 이미 시니어세대 전용의 상품을 자사에서 취급하고 있는 점에서, 품질과 가격 모두 경쟁력 있는 제조회사나 서비스 제공자가 제휴 상대로 될 것이다.

(3)이 목적인 기업은 신규로 시니어 시장에 참여하고 싶지만

개인고객과의 접점이 없다거나 접점이 있어도 정보를 정리하는 구조가 없는 대형 제조회사, 유통업, 소매업, 금융 등이 많이 있다. 이 경우 이미 많은 시니어 회원을 포함하고 있는 회원제 조직 등이 제휴상대로 될 가능성이 있다.

(4)가 목적인 기업에는 (3)과 같은 기업 혹은 이미 시니어세대를 포함한 개인 고객을 어느 정도 보유하고 있지만 시니어 고객을 중요시하고 있다는 메시지를 적극적으로 나타내지 않는 대기업이 많을 것이다. 이 경우 시니어 계층의 활동 혹은 라이프스타일을 지원하고 있는 각종 단체, NPO, 행정 등 사회적 이익을 첫 번째로 하는 조직 등이 제휴상대로 될 가능성이 있다.

어떤 것이 되더라도 이업종 제휴를 활용하는 목적은 자사 단독으로는 불가능한 것을 가능하게 하고, 경영자원과 시간의 대폭적인 절약을 실현하는 것이다.

## 자사가 강한 분야의 사업을 조직하고, 제휴로 보완하라

다음으로 이렇게 다른 업종 기업과 제휴하여 사업을 전개하고 있는 몇 개의 예를 소개하고자 한다.

오이식스(Oisix)라는 유기농 야채의 통신판매 벤처기업이 있다. 이 회사는 유기농 야채를 사들여 인터넷에서 고객에게 판매하는 '인터넷 쇼핑몰'이다. 최근 식품 안정성에 대한 불안을 계기로 주문이 증가하여 급성장하고 있다. 이 회사가 사업 초기에 주력한 것은 제휴전략이었다.

전국의 유기농 야채 생산농가와의 네트워크를 지닌 기업과 제휴하고 안전한 상품 사입 루트를 확보했다. 한편 상품판매는 대형 유업계의 우유대리점을 통해 주문을 받기 시작했다. 슈퍼마켓이 아니라 우유대리점에서 배달하는 우유를 구매하는 소비자는 중고령층이 많고 건강에 대한 관심도 높고 경제적으로도 여유가 있는 세대가 많다. 여기에 착안하여 고객을 개척한 것이다.

이렇게 기본적인 판매망을 확보하면서 자사의 강점인 인터넷을 활용한 통신판매의 매출을 늘려나간 것이다. 매출과 지명도가 높아진 현재는 레스토랑, 슈퍼마켓 등 여러 다양한 업종에서 거꾸로 제휴를 타진해 오고 있다.

한편 마쓰시타 전기(松下電氣)의 자회사인 파나홈은 2003년에 건강한 시니어 전용 아파트 단지인 '산리스타 수구'를 오사카 시에 건립했다.

파나홈은 대형 건설사지만 주로 공공단체의 청사나 학교건물 등을 건설했다. 따라서 아파트 단지 건설은 처음이고 특히 입주자 관리 운영에 관한 경영자원이 다른 중소기업처럼 부족했다. 이 때문에 그러한 경영자원의 대부분을 다른 업종의 기업들과 제휴하는 방식으로 해결했다. 입주자들이 여유 있게 즐길 수 있는 커피숍은 엑스빈이 운영하는 쇼와(昭和) 낭만클럽, 여행 관련 서비스는 릴로 클럽이 운영하는 프롬나우(From Now) 클럽과 제휴하였다. 제휴사는 거꾸로 파나홈의 지명도에 매력을 느끼고 제휴에 응했다.

중소기업이라 해도 자신 있는 분야에서는 반드시 지명도와 강점이 있을 터이다. 이미 무엇인가의 강점을 지닌 기업은 현시점에서 시니어 시장으로 진출하기 위한 자원이 부족하더라도, 제휴전략을 통해 사업의 체제를 정비하는 것이 충분히 가능한 것이다.

## 수익 사업부문의 최고 인재를 신규 사업부문의 최전방에 배치하라

제휴전략을 진행할 때에 가장 중요한 것은 이해관계와 기업문화가 다른 이업종 기업을 끌어 들여 제휴전략을 기획하고 실행할 수 있는 역량 있는 기획자이다. 그런데 많은 중소기업에는 이러한 기획자가 적다. 이것은 자질이 있는 인재가 적다는 의미가 아니라 가령 그 같은 인재가 있어도 기존의 수익 사업부문의 핵심 인물이기 때문에 신규 사업분야를 맡기기 어려운 것이다.

따라서 중소기업에서 신규 사업을 추진하기 위해서 제일 먼저 필요한 것은 신규 사업을 담당할 적임자가 없는 경우, 과감히 수익 사업부문의 현장 에이스를 신규 사업부문을 이끌어가는 지위에 지명하는 것이다. 겸직시키지도 마라.

이렇게 하면 "그렇지 않아도 유능한 인재가 부족한데 그런 인사는 있을 수 없다. 비현실적이다"라고 생각할지도 모른다. 그런데 사실은 이 방식이 '가장 현실적'인 것이다.

최근 신규 사업을 시작할 때 그 실무책임자를 사외에서 채용하는 예가 증가하고 있다. 이러한 방식의 장점은 회사의 고정관념에 빠지지 않고 비교적 자유로운 발상이 가능한 것이다. 하지만 사내문화와 상황을 알지 못하여 기존 부문과 알력을 일으키고 현장을 통솔하지 못하고 압력에 의해 왜곡되기 쉬운 단점이 있다.

또 사내 공모에서 인재를 모집하는 방법도 있다. 장점은 사원의 자발성이 존중되어 근무의욕이 솟구친다는 점이다. 반면 단점은 사내 공모를 해도 현재의 상사와의 관계 등으로 인해 실제로는 어려움이 많다. 그리고 그렇게 선발한 인재가 그 직무에 상응하는 역량이 있는지 검증된 것도 아니어서 적절한 배치라고만은 할 수 없다.

이러한 점을 고려해볼 때, 수익부문 현장의 최고 인재를 신규부문의 리더로 지명하는 최대의 장점은 '현장을 움직이는 힘'을 갖고 있다는 것이다. 사내 정보에도 상세하고 실적을 올리고 있기 때문에 타 부서에서 왈가왈부하기도 어렵다. 또 수익부문의 한계와 과제도 알고 있어서 신규분야의 방향을 잘 설정할 수 있다.

## 가장 먼저 필요한 것은
## 최고경영자의 선언

이와 동시에 필요한 것은 최고경영자의 선언이다.

선언이란 말은 닛산자동차의 카를로스 곤 사장이 처음 사용한 후 일반화 됐다. 곤 사장이 이 말을 사용한 때의 의미는 '공약'이었다. 선거 때만 공약을 남발하면서 당선된 후에는 약속을 지키지 않는 많은 정치가와는 달리, 곤 사장은 "닛산 리바이벌 플랜으로 회사의 매출을 3년 이내에 회복시키겠다"고 공약하고 약속대로 매출을 회복시켰다. 이처럼 한번 공언한 말은 꼭 지키는 스타일이 많은 사람에게 존경을 받는다.

신규 사업을 담당하는 사원은 경영층이 도대체 어느 정도로 그 사업에 몰두할 각오가 있는지 알고 싶어 한다. 또 도중에 경영방침이 바뀌어 모든 것이 원점으로 되돌아가지 않을까 걱정한다.

따라서 경영층이 신규 사업을 시작할 때에는 전 사원을 향하여 "우리 회사는 금년에 이 분야에 진출한다, 이 부문을 진면적으로 지원한다"라는 식의 '결의 표명'이 필요하다. 이것이 없으면 신규 사업 담당자들은 항상 한쪽 다리만 걸치고 있게 된다.

지금까지 중소기업에서 '신규 사업의 벽'을 돌파하기 위한 지침을 말했는데 정리하면 다음과 같다.

**1**_'다른 업종 기업과의 제휴'를 적극적으로 활용하라

**2**_제휴는 보완을 위한 정도로 활용하고, 어디까지나 자사가 강한 분야에서 사업을 시작하라

**3**_수익 사업부문의 최고 인재를 신규 사업부문의 리더에 배치하라

**4**_경영층은 최종책임이 자신에게 있음을 선언하고 담당책임자에게 권한과 예산을 지원하라

이러한 점들을 염두에 두고 시니어 시장에 진출한다면 반드시 새로운 비즈니스 기회를 포착할 것이다.

## 대기업이 시니어 비즈니스에서 부딪치는 신규 사업의 벽

한편 대기업이 시니어 비즈니스를 신규 사업으로 시작할 때의 벽은 중소기업의 경우와 다르다. 이 경우에는 크게 다음의 세 가지를 들 수 있다.

**1**_매스마켓 지향의 경영자 자세의 문제

**2**_일반 소비자에 대한 대응력 부족의 문제

**3**_사내에서의 신규 사업 진행의 문제

이들 문제의 근본원인은 대기업에서 신규 사업을 시작하는 방법이 시니어 시장의 성질과 맞지 않는다는 것이다. 아래에서 이 세 가지에 대해 상세히 이야기해 보자.

첫 번째 문제는 경영자 중에 매스마켓 지향이 강한 사람이 많다는 것이다.

이 경우의 문제는 우선 고객을 한 덩어리로 취급하는 것이다.

자본력으로 승부를 걸기 때문에 대결방식이 난폭해지는 경향이 있기 때문이다. 예를 들면 매스광고(TV 광고, 신문 일면 광고 등)를 내보내면서 막대한 광고비를 사용한다.

그런데 몇 번이고 말했듯이 시니어 시장은 매스마켓이 아니라서 매스광고를 통해 확보할 수 있는 고객은 잠재고객의 일부에 불과하므로 기대하는 만큼의 성과가 오르지 않는다. 결국 이 방법은 비용대비 성과가 나쁘기 때문에 계속되지 못한다.

이같이 고객을 한 덩어리로 취급하는 이유는 고도성장기의 성공체험이 족쇄로 되어 있기 때문이다. 넓게 퍼져있는 작은 시장을 개별적으로 상대하기보다 균일한 한 덩어리를 상대하는 편이 간단하기 때문이다. 그보다 "균일한 한 덩어리면 좋겠다"고 희망하고 있다는 편이 더 정확할지도 모르겠다.

더욱이 이러한 매스마켓 지향이 강한 경영자는 '틈새시장을 가볍게 보는' 경향이 있다. '틈새시장'이란 규모가 작기 때문에 비용과 수고를 들여도 커다란 비즈니스로는 되지 않는다, 그런 틈새시장에 투자해도 자신의 회사 같은 매출규모에 큰 기여를 하지 못한다고 생각하는 것이다.


## 누구도 넘보지 않는 틈새시장으로 뛰어들어라

그런데 시니어 시장에서 성공한 기업은 많은 대기업이 피하고 있는 틈새시장으로 뛰어들어 성장하고 있다.

중고령층 여성 전용 피트니스 '커브스'의 창업자 게리 히빈(Gary Heavin)은 사업 초기에 "중고령층 여성 상대의 피트니스라니, 그런 특수한 마켓은 그만두는 것이 좋겠네요. 할머니들은 제멋대로이고 시끄럽고 가격에 민감해서 목적한 대로 안 될걸요"라는 말을 많은 사람한테 들었다. 그러나 지금은 전 세계 34개국에 9400개 이상의 점포를 개설하고 400만 명 이상의 중고령층 여성이 이용하는 세계 최대의 피트니스 센터가 됐다.

또 뉴리그의 〈이키이키〉는 〈생활 수첩〉과 〈크로와상〉이라는 오랜 역사를 가진 잡지가 시장을 장악하고 있었기 때문에 그때까지는 없었던 50대 이상 전용의 생활잡지로서 시작했다. 창간호는 174부밖에 판매되지 않았지만, "읽고 싶은 잡지가 없다"고 말하는 사람을 중심으로 차츰 부수를 늘려 앞서 말한 대로 이 분야 최대 발행부수에 이르게 되었다.

보험회사 '알리코 저팬(Alico Japan)'은 선발 보험 상품이 널려있는 중에 〈이키이키〉와 마찬가지로 50세 이상도 가입할 수 있는 '하이레마스'라는 보험 상품을 최초로 출시하여 이 분야에서 리딩 컴퍼니로 되었다.

한편 시니어 비즈니스의 예는 아니지만 파크24도 유사한 예이다. 이용가치가 낮은 도심의 협소한 '틈새' 토지를 소유자로부터 임차하여 주차장을 설치하여 운영하는 비즈니스로 2005년 7월 현재 11만대의 주차장을 운영하는 일본 최대의 주차장 네트워크 기업이 되었다.

또 편의점에서 전기료 등의 공과금을 대신 받아주는 '수납대행'은 개별 취급금액이 적고 수고가 많이 들기 때문에 금융기관에서 '잡무'라고 부르는 일이다. 최초에 세븐일레븐이 도입했을 때 비웃음을 샀지만 지금은 연간 취급액이 편의점 업계 전체에서 무려 4조 엔에 이르고 있다.

이들 사례의 공통점은 시장에 '지금까지 없었던 것'을 상품화하고 경쟁회사가 많지 않은 틈새시장에서 시작하여 크게 되었다는 것이다. 이 이야기를 하면 "그런 기업은 목적한 대로 되었군요"라고 말하는 사람이 많다. 그런 말을 하는 사람들은 속으로 "운이 좋았군" 하고 생각한다. 애석하지만 이러한 사고에 젖어있는 사람은 신규 사업을 해나가기가 상당히 어렵다.

왜냐하면 신규 사업은 많은 선발 경쟁사가 늘어서 있는 중에서 무엇인가 '차별화'된 사업을 만들어 낼 수 있는가 라는 지적 격투의 연속이기 때문이다. 따라서 이러한 차별화를 계속 시도해 간다면 결국 틈새시장에 이르게 되는 것이다.

## 대 기 업 도   처 음 엔   틈 새 시 장 에 서
## 시 작 했 다

사실 신규 사업이라는 것은 틈새시장에서 시작하는 것이다. 그것은 대기업도 동일하다.

예를 들면, 마쓰시타 전기라는 대기업이 최초로 주목 받으며 성장의 발판을 구축한 계기는 1917년에 '쌍소켓'이라는 '당시까지 없었던 상품의 개발이다. 당시에 가정에서 전기를 사용하는 경우는 전등선에서 전기를 사용하는 것이었고, 전등 이외의 전기 제품을 사용하기 위해서는 전구를 뽑아내고 사용할 수밖에 없었다. 이러한 불편을 해소한 것이 '쌍소켓'이었다. 소켓이 두 개로 나뉘어 있기 때문에 전등을 뺄 필요 없이 또 하나의 전기 제품을 사용하는 것이 가능하게 된 것이다. 전자제품의 시대라고 불리는 현재에는 우스운 이야기일지 모르지만 당시로서는 획기적인 것이었다.

또한 대기업 소니가 유명해진 것은 일본에서 최초로 트랜지스터 라디오를 출시했을 때이다. 당시의 라디오는 진공관을 사용한 부피가 큰 제품이어서 콘센트로 연결하지 않으면 사용할 수 없었다. 건전지식 진공관 라디오는 상품화되어 있었지만 거의 보급되지 않았었다. 그런데 소니가 개발한 트랜지스터 라디오는 진공관 라디오에 비하여 매우 작고, 게다가 건전지로 장시간 청취가 가능해 가정 밖에서도 전파가 미치는 곳이라면 어디에서도 들을 수 있는 획기적인 상품이었다. 이것도 역시 당시까지는 없었던 상품이다.

이같이 어느 회사라도 최초에는 틈새시장에서 시작하여 점차 성장해간 것이다. 그런데 회사의 규모가 어느 정도 커지게 되면 불가사의하게도 이것을 잊고 틈새시장을 얕보는 경향이 생긴다.

## 법인고객을 오래 상대하면 일반소비자 상대로는 비용이 맞지 않는다

두 번째 문제는 일반소비자를 상대하는 대응력이 부족한 것이다.

이 경우의 문제는 우선 법인고객을 오래 상대한 기업의 경우 높은 비용 구조로 되어 있기 때문에 일반 소비자를 상대하면 비용이 맞지 않는다는 것이다.

일반적으로 법인고객은 개인고객에 비하여 비용 의식이 희박하고 요구조건도 까다롭지 않고 대량으로 취급하기 때문에 수고도 그다지 들지 않는다. 왜냐하면 "비용은 자신이 아니라 회사에서 지불한다"라는 의식이 있고 사원 개개인이 절약하도록 하는 인센티브를 적용하기도 어렵기 때문이다. 이 때문에 이익을 손쉽게 올리는 것이 가능하다.

또 회사도 세금 대책으로서의 경비지출은 개인에 비하여 관대한 면도 있다. 이러한 까닭으로 법인고객은 우수고객이라고 할 수 있다.

그런데 버블 붕괴 후 법인 수요의 격감에 따라 법인을 주요 고객으로 삼았던 업계는 어디나 고전하고 있다.

여행업계를 보면 예전부터 사내여행, 연수여행의 목적지는 온천지가 많았고, 수도권에서는 하코네나 아타미 등이 단체여행의 메카였다. 그러나 이러한 온천지는 6장에서 말했듯이 법인 수요의 하락과 함께 많이 사양화되고 있다.

이런 온천지에서 폐업한 여관과 호텔에 가면 몇 가지 공통점을 알 수 있다. 그것은 반드시 대연회장과 가라오케 룸이 있고 객실은 크며 식사도 커다란 홀에서 많은 사람이 한 번에 식사할 수 있도록 급식대가 있다. 이것은 분명히 법인고객을 주 고객으로 삼은 것으로 일반 개인고객 지향은 아니다.

이 같은 법인단체 전용의 방식을 개인고객에게 제공하다 보면 많은 문제점이 노출된다. 개인고객 전용으로 바꾸기 위해 노력과 시간을 들이지 않으려면 가격을 낮추는 길밖에 없고, 그렇게 되면 수익을 올리기는 더욱 힘들어 진다.

## 한번 만들어진 비즈니스 모델을 유연하게 바꾸지 못한다

다음으로 또 하나의 과제는 한번 만들어진 비즈니스 모델을 유연하게 바꾸지 못하는 것이다.

일반적으로 중소기업에 비하여 대기업에서는 의사결정에 시간이 많이 걸리는 경향이 있다. 제안서에 도장을 찍는 사람이 많기 때문에 시간이 걸리는 것이다.

또 경영회의에서 사업계획의 승인을 할 때에도 시간이 걸린다. 사업계획에는 그때까지의 내용이 필요하기 때문에 사업계획 작성 준비작업에 시간이 걸린다. 이 때문에 시장 조사 등 '준비를 위한 준비기간'이 길어지는 경향이 있다. 또 사업계획을 경영회의에서 통과시키기 위한 사전교섭에도 시간이 걸린다.

이리하여 겨우 승인을 받은 사업계획에 기초하여 사업을 시작해도 실제로는 사업계획을 수정하지 않으면 안 되는 경우가 계속해서 발생한다. 그런데 경영회의에서 승인된 내용에 수정이 필요하게 되면 다시 상사에게 설명하여 승인을 받아야 한다. 상사에게 설명하고 승인을 받자면 또다시 대단한 노력과 시간이 든다.

이같이 의사결정 과정에 시간이 걸리기 때문에, 일사천리로 변화하는 시장상황에 부합하는 유연한 대응이 불가능한 경우가 많이 있다. 고객으로부터 클레임을 받았을 경우, 관공서라면 규칙에 없다며 단호히 거절해버리면 그만이지만, 민간기업에서 그렇게 했다가는 고객을 쫓아버리는 결과로 될 것이다.


이와 같은 '일반소비자에 대한 대응력 부족의 문제'를 돌파하기 위해서는 개인 고객 대응력을 높이는 수밖에 없다. 이 수단으로서 지금까지 많은 곳에서 실행되고 있는 것이 (1)학생과 주부 등의 시간제 노동자의 활용 (2)외국인 노동력의 활용이다.

(1)은 슈퍼마켓이나 백화점등 소매업, 외식 레스토랑 등에서 흔히 보인다. (2)는 자동차 공업이나 음식점 등에서 많이 보인다. 최근에는 인력부족에 고민하고 있는 요양서비스의 분야에서도 검토가 시작되고 있다.

그러나 노동력으로서 가장 유망한 것은 활기 있는 중고령층이다. 특히 정년퇴직을 맞이한 베이비붐 세대 비즈니스맨의 다수는 지금까지 다니던 직장을 퇴직해도 쉬고 싶어하지 않는다.

이러한 '퇴직 베이비붐 세대'를 인력으로 활용하는 것이 여러 가지 면에서 도움이 많이 된다. 여기에서 퇴직 베이비붐 세대의 역할을 생각하는 데 도움이 되는 사례를 이야기해 보자.

## 평균 74세의
## 고령자 기능공 집단

미국 매사추세스 주 니담(Needam) 시에 바이타 니들(Vita Needle) 이라는 회사가 있다. 이 회사에서는 바이오산업에 사용되는 스테인리스 바늘 등의 특수부품을 제조하여 GE, 존슨 앤존슨 등의 대기업에게 판매하고 있다. 특이한 사실은 이 회사의 35명 종업원 평균연령이 74세라는 것이다. 그들 가운데 90세인 사람도 있다.

그러나 이 회사가 주목을 받는 것은 단지 고령자 주체의 직장이라는 것뿐이 아니다. 이 회사는 품질이 매우 우수하고 가격경쟁력도 있는 바늘을 만들고 납기도 정확히 지키는 경쟁력 있는 우량 기업이라는 점 때문에 주목을 받는다. 고령자 주체의 직장이라면 대형 작업이 불가능하다고 생각하는 것이 근거 없는 편견이라는 것을 증명하고 있는 것이다.

바이타 니들사의 종업원은 모두 손재주가 좋아서 작업이 정확하기 때문에 제품 품질이 높고 제조 손실도 매우 적은 원숙한 기능공 집단이다. 또 근무태도도 성실하고 근면하며 인격도 훌륭한 사람이 많다. 종업원은 주당 37시간, 거의 풀타임으로 일하고 있는 사람도 적지 않다. 하지만 개인상황에 따라 오전 5시 전에 출근하는 사람도 있고, 점심을 지나 출근하여 밤 10시 이후까지 남아있는 사람도 있다. 시니어세대의 다양한 생활양식에 따른 유연한 근무제도가 활력 있는 직장을 만들고 있는 것이다.

일본보다 앞서 제조업의 공동화가 진행된 미국이지만 메이드 인 USA라는 경쟁력을 지니고 있고 게다가 종업원의 대부분이 고령자라는 것이 반향을 불러일으켜 CBS와 NBC 등의 미디어에 자주 소개된다.

비슷한 사례는 미국뿐만 아니라 일본에도 있다. 도쿠시마(德島) 현 안에 인구 2천 명 남짓한 작은 마을이 있는데 이곳의 '이로도리(彩色)'라는 제3섹터[14]가 그것이다. 이 회사는 원산지의 감나무 잎과 단풍잎 등을 도시의 음식점에 판매하고 있다. 단지 이것뿐이라면 지방에 흔히 있는 적자를 내고 있는 제3섹터의 이야기로 들릴 것이다.

그런데 이로도리의 특징은 사업에 뛰어든 생산농가의 대부분이 고령자라는 것이다. 고령자가 서비스의 담당자로서 활약하고 있는 사업인 것이다. 그렇다고 해서 지방자치체 주도의 고령자 복지사업은 아니다. 한 생산농가의 여성은 83세임에도 불구하고 능숙하게 컴퓨터를 조작하여 자신의 상품이 얼마에 팔리

---

**14**_제3섹터는 민관합동으로 이루어진 사업추진조직을 말한다. 민도 관도 아니라는 의미에서 이렇게 부른다. 대규모 사회간접자본(soc) 투자를 위해 중앙정부나 지방정부와 민간기업이 공동 출자한 합동법인의 형태가 제3섹터인 셈이다.

는지 화면에서 확인하고, 다음 날의 출하수량을 계획한다. 잎사귀의 수확, 상자포장과 납기는 정확하다. 잎사귀의 질을 높이기 위해 필요한 나무를 뒷산에 직접 심는다. 다른 생산농가의 출하 상품도 연구하고, 보다 경쟁력 있는 상품화를 강구한다.

성과가 좋은 사람은 80대에도 연 수익 350만 엔은 벌어들인다. 대부분의 80대 노인이 연금수입에 의존하는 것과는 대조적이다. 우수한 생산농가에게 지원받는 회사도 확실하게 흑자를 내며 매년 성장을 계속하고 있다. 참고로 시고쿠에는 300여 개의 제3섹터가 있지만, 그중 70퍼센트가 적자이다.

무엇보다도 대단한 것은 이 사업에 마을의 고령자가 참가한다는 점이다. 고령화율 44퍼센트의 마을임에도 불구하고 마을 전체에서 누워있는 고령자가 겨우 2명밖에 없다. 자기 자신의 몸을 움직이고 땀을 흘리며 여러 가지 생각으로 머리를 쓴다. 단순한 무급 봉사자가 아니라 고액은 아닐지라도 분명히 자신의 수입이 있다. 게다가 자신의 노력으로 실적이 올라가면 수입도 증가한다.

이와 같은 활동이 신체적인 건강은 물론 정신적인 건강 즉 '보람 있는 삶'을 만드는 데에도 큰 역할을 발휘한다.


## 고령자의 잠재능력을 발휘시키는 것은 50~60대 비즈니스맨

일본에서는 일반적으로 고령자의 재취업은 쉽지 않다.

그렇다면 고령자의 취업기회를 높이기 위해서 과연 무엇이 필요한 것일까? 정부는 연금재정의 압박 때문에 연금지급 개시 연령을 올리기 위해 정년을 65세까지 일률적으로 연장하는 법률을 2004년 6월에 가결했다. 그러나 법제도의 정비만으로 고령자의 취업기회를 높이기에는 무리가 많다.

정말 필요한 것은 바이타 니들이나 이로도리 같은 사업을 일으켜 고령자의 능력을 발휘시킬 수 있는 리더의 존재이다. 이로도리의 요코이시(橫石) 부사장은 오사카의 음식점에서 옆자리에 있던 젊은 여성이 음식재료보다 곁들여 나온 단풍잎에 감탄하는 소리를 듣고 "이것은 팔린다"고 직감적으로 느꼈다고 한다.

예전에는 애물단지에 불과했던 뒷산의 단풍잎이 시급은 효자상품으로 변한 것이다.

또 바이타 니들의 프레드 하트만(Fred Hartman) 사장은 "지금 각광을 받고 있는 바이오산업에서는 제조현장에서 이용하는 정밀기기의 품질에서 승부가 난다"라고 생각하여 부가가치가 높은 스테인리스 바늘의 개발을 목표로 하였다고 한다. 하트만 사장은 이 회사의 네 번째 사장이지만 연령은 51세로 전 종업원 중 가장 젊다. 자신의 부모 같은 종업원에게 자존심을 지켜주면서도 할 말은 기탄없이 하는 스타일로 두터운 신뢰감을 구축하고 있다.

고령자만을 종업원으로 고용하는 것에 대하여 하트만 사장은 다음과 같이 이야기한다.

"고령자를 고용하는 것은 그들의 인품이 좋아서가 아니다. 기술력이 높고 근면하고 인내심이 강하고 정확한 품질의 상품을 납기에 맞춰 만들어내기 때문이다. 사업상 도움이 되기 때문에 그들을 고용한다."

하트만 사장은 그다지 강조하지 않지만 바이타 니들의 종업원은 인격과 품격 모두 훌륭한 사람들뿐인 것을 덧붙이고 싶다. 그러나 이렇게 훌륭한 고령자를 끌어당기어 그들의 능력을 발휘시키는 촉진제는 물론 하트만 사장의 경영수완이고 인격이다.

유능한 관리자라면 시대의 흐름을 읽고 주위에 있는 소재를 활용하여 고부가가치로 팔릴 수 있다고 생각하는 것을 상품화한다. 그리고 고령자의 잠재능력을 이끌어내는 노력을 통해 적합한 가격으로 만들어낸다. 이 같은 감각을 지닌 관리자들이 많이 늘어나야 삶의 보람과 높은 생산성을 동시에 만족시키는 고령자의 취업기회가 증가할 것이다.

머지않아 퇴직연령에 가까워지는 베이비붐 세대 중에는 이같은 자질을 가진 사람이 많을 것이다. 그 사람들이 다니던 회사에서 정년퇴직한 후에도 은퇴하지 않고 지금까지의 비즈니스 경험에서 익힌 능력을 활용한다면 비용대비 성능(Cost performance)이 좋은 인력으로 될 것이 틀림없다. 이미 소매업과 여행업의 일부에서는 회사 간부 등의 중고령층을 적극 활용하여 실적을 올리고 있다.

이들의 예와 같이 직업 기술을 지닌 '퇴직 베이비붐 세대'의 사람들을 고령자의 리더로서 혹은 현역 비즈니스맨의 서포터로서 참여시키는 것이 서비스의 질을 유지하면서 비용절감을 꾀하기 위한 가장 현실적인 방법이 될 것이다.

앞의 클럽 투어리즘에서는 고객으로서 투어에 참가했던 60대의 여성이 펠로우 프렌들리 스태프라는 고객의 도우미로 된 예가 있다. 이 스태프의 경우, 급료는 지불되지만 고액은 아니다. 스태프로 된 본인도 급료보다도 그 일의 보람을 일종의 보수로 받는 것이다.

따라서 퇴직 베이비붐 세대가 현역시절보다 낮은 보수를 받고도 활동할 수 있으려면 주어진 업무의 보람과 재미를 어떻게 연출하는가가 대단히 중요하게 된다.

거꾸로 현역세대에게는 이 연출력이 앞으로 매우 중요하게 될 것이다.


## 신규 사업부문이 기존의 수익부문과
## 같은 기준에서 비교된다

세 번째 문제는 신규 사업에서는 바로 성과를 내기가 어렵다는 것이다. 그런데도 신규 사업부문이 기존의 수익부문과 같은 기준에서 비교되는 것은 문제이다.

일반적으로 기존의 수익부문의 매출이 크면 클수록 신규 사업부문은 전개하기 어렵다. 예를 들면 연 매출 1조엔 정도의 제조회사의 경우 이미 전국 각지에 있는 영업소에서 원가와 경비의 절감, 도매가격의 인상 등의 방법에 의해 일 년에 20억 내지 30억 엔 정도의 수익 증가는 비교적 쉽게 달성된다. 규모의 경제의 이점이 있기 때문이다. 그런데 영에서부터 시작하는 신규 사업의 경우 2년이 걸려도 매출을 10억 엔까지 올리기는 어렵다.

신규 사업부문은 대체로 기존의 수익부문이 쇠퇴하여 갈 것에 대비하여 기존의 수익부문에서는 취급할 수 없는 새로운 것에 도전하기 때문에 기존의 수익부문보다 많은 노력이 필요하다.

그런데도 신규 사업 개발활동이 실제의 수익으로 연결되지 않으면 기존의 수익부문과 '같은 기준'에서 비교되어 '월급도둑'이라는 비난을 받게 되기까지 한다. 이 때문에 신규 사업부문에서 승부를 내기보다 기존 수익 사업부문에서 정년퇴직까지 안전하게 일상적인 업무를 하고 싶어 하는 사람이 많은 기업도 적지 않다.

이것이 신규 사업의 최대의 적은 사내에 있다고 말하는 까닭이다.

## 예전에 비해 짧아진 기업의
## 내구 시간

더 큰 문제는 신규 사업에서 기업의 내구시간이 전에 비해 짧아졌다는 점이다. 예전에는 신규 사업의 목표를 흔히 3년 차에 혹자, 5년 차에 누적손실 해소에 두었다. 그런데 지금은 1년 반 만에 흑자, 3년째에 누적손실 해소, 그렇지 못하면 정리한다는 시간 개념이 일반화되고 있다.

신규 사업에서 기업의 내구시간이 전보다 짧아진 가장 큰 이유는 시장의 변화 속도가 전보다 빨라졌기 때문이다. 앞에서도 말했지만 신상품을 출시해도 곧바로 다른 회사에서 따라하여 진부한 상품이 돼버린다. 이 때문에 신규 사업을 검토할 때 거액의 투자와 오랜 시간이 필요한 조건은 취급하기 어렵게 되었다.

또 기업에서 내부조직의 변경이 전보다 자주 일어나는 것도 하나의 이유이다. 어느 기업에서는 시니어 프로젝트니 베이비 붐 프로젝트니 하는 것을 수없이 시작했지만, 내부 조직체계가 바뀌어 일 년도 지나지 않아 대부분 사라졌다. 이러한 체제변경이 자주 일어나면 사원들은 "어차피 이 체제도 오래 못 가겠군. 또 곧 바뀌겠지"하는 분위기로 되어 신규 사업 도전에 전력투구하지 않게 된다.

이처럼 신규 사업에서 기업의 내구시간이 짧아지고, 비용의식이 희박한 법인고객과는 달리 까다로운 중고령층의 개인고객은 노력도 많이 들어서 생각만큼 쉽게 이익을 내지 못하므로 사업이 좀처럼 궤도에 오르지 못한다.

경영층에서도 처음에는 "열심히 해! 결과를 기대하네"라며 기대를 보이지만, 반년이 경과하면 "지금 어떤 상황인가?" "왜 진척이 없는가?"라는 말을 슬며시 꺼낸다. 그렇게 일 년이 지

나면 "아직도 그 모양인가?"라며 압력을 가하기 시작하고 일
년 반이 지나면 "이제는 무언가 내놓아야 할 때가 되지 않았
나?"라며 꾸짖기 시작한다. 그리고 2년이 경과한 단계에서 전
망이 보이지 않으면 "도대체 뭘 한 거야!"라고 화를 내며 거기
에서 끝내 버리고 만다.

경영자라는 존재가 원래 성미가 급할 수밖에 없지만, 근래 더
더욱 짧은 기간 내에 승부를 내고자 하는 사람이 많아졌다.

## 대기업이 신규 사업에 뛰어드는 목적

대기업에서 신규 사업에 진출할 때는 대기업이 구태여 신규
사업에 뛰어드는 목적이 무엇인가를 명확히 인식하고 있어야
한다.

사업 규모를 키우는 것이 목적이라면 단기적으로는 기존 수
익부문의 매출을 확대하는 편이 빠를 것이다. 예를 들면 부동산
회사가 현재보다 100억 엔의 매출을 더 올리고자 한다면 영에
서부터 시작하는 신규 사업에 뛰어들기보다는 10억 엔 규모의
상업 빌딩을 10번 거래하는 편이 실현도 빠르고 확실할 것이다.
또 소재 메이커라면 기존 거래처로 도매 물량을 증가시키고 경
비절감을 철저하게 하기만 해도 비교적 용이하게 수익을 올릴
수 있다. 그러나 이러한 단기적인 처방은 경쟁회사도 당연히 써
먹는 것이고, 어느 정도 활용하면 효과가 없어지게 된다. 게다

가 지금의 수익부문이 3년 후, 5년 후, 10년 후에도 수익부문으로 지속될 것이라는 보장은 없다.

따라서 중요한 것은 단기적으로 기존 수익부문의 매출 확대를 꾀하면서 중장기 성장을 위한 포석을 까는 것이다. 이 포석이 신규 사업에 도전하는 목적인 것이다.

## 매출 증가 이외의
## 효과

여기에서 중요한 점은 신규 사업의 효과가 그 사업의 매출증가에만 머무르는 것이 아니라는 것이다. 왜냐하면 신규 사업에 뛰어 든다는 것 자체가 새로운 비즈니스 기회를 여러 가지로 만들어내기 때문이다.

신규 사업에 뛰어들면 우선 사내에 새로운 분위기가 생겨난다. 특히 젊은 사원이 하고자 하는 의욕을 보이고 그 젊은 사원에 의해 경력사원도 분발하게 되고 침체된 사내 분위기에 활기가 넘친다. 그리고 신규 사업이 신문과 잡지 등의 미디어에 몇 번 다루어지면 기존의 거래처가 "최근에 귀사에서 재미난 일이 있군요"라며 관심을 보이고 거래관계가 깊어진다. 심지어 지금까지 전혀 거래가 없었던 기업에서도 "무엇인가 같이 할 것이 없습니까?"라며 접근을 해와 거래의 폭이 넓어진다.

재미있는 점은 이러한 사외의 '사회적 평판'이 마침내 사내도 움직인다는 것이다. 우선 기존의 수익부문의 담당자에게 고

객으로부터 신규 사업에 대한 문의가 들어온다. 그러면 그 담당
자는 신규 사업부문의 담당자에게 "기존 고객으로부터 문의가
있으니까 한번 같이 가지 않겠습니까?"라는 식으로 상담이 이
루어지게 된다. 또 경영층도 타사의 경영층으로부터 소식을 듣
기 쉽게 된다.

"당신의 회사에서 상당히 재미있는 것이 나왔군요. 한번 이
야기를 듣고 싶습니다."

"저희 회사의 정보시스템을 이제 곧 교체하려고 합니다. 귀
사와 상담을 하고 싶은데 어떠신지요?"

이것도 신규 사업에 뛰어드는 장점이다. 신규 사업 그 자체에
서 바로 수익을 올리지 못해도 신규 사업이 주목을 받는다면 회
사 전체의 이미지에 긍정적 영향을 미친다. 이미지의 제고가 결
국 기존 사업의 확대로 이어지는 것이다.

이러한 상황으로 되면 다음에는 무엇이 일어날까?

## 주목 받는 신규 사업에 뛰어들면 우수한 인재가 모여든다

우수한 인재가 사내외에서 모여든다. "이번에 새로 시작한 사
업에 흥미가 있어서 귀사에 지원했습니다"라고 말하며 신입사
원과 경력사원의 채용에 사외에서 우수한 인재가 모여든다.

지금의 학생은 예전과 같이 유명 대기업이라는 이유만으로
입사하지는 않는다. 그 기업의 비전과 목표하고 있는 방향성 등

을 주의 깊게 살피고 지금의 기업가치뿐만 아니라 미래의 기업 가치도 고려한 후에 시험을 본다.

이와 더불어 사내에서 다른 부서의 젊은 인재가 "신규 사업부로 가고 싶다"고 말하고 이동을 원하는 경우도 있다. 최근에는 사내공모를 행하는 것도 늘어나서, 사내공모를 통해 이동하는 경우도 있다. 다만 전술한 대로 공모가 있어도 현재의 상사와의 관계에서 실제로는 지원하기가 힘들어 이동하기 어려운 점도 있을 것이다.

한편으로는 이렇게 입사하고 다른 부서로 이동해도 그 직장의 분위기가 기대한 것과 크게 다르게 되면 결국 퇴사하는 사람도 있을 것이다. 회사의 실상을 속일 수는 없기 때문에 도리가 없다.

그러나 이러한 상태가 빈번하게 일어난다면 모처럼 획득한 좋은 사회적 평판과 사내의 실태를 일치시키도록 경영층이 노력하게 된다. 즉, 이제까지 경직되어 있던 기업 체질을 근본적으로 변화시켜야 한다는 위기감이 사내 전체에 만들어지는 것이다. 이 기업체질의 변화가 사실은 신규 사업 진출의 숨은 효과라고 할 수 있다.

대기업이 시니어 비즈니스 신규 사업으로 뛰어들 때의 '벽'을 돌파하기 위해서는 세 가지 요건이 필요하다.


**1**_누구도 뛰어들지 않은 틈새시장에서부터 시작하라.

**2**_퇴직한 베이비붐 세대를 활용하여 개인고객 대응력을 향상시켜라.

**3**_신규 사업의 평가는 매출 이외의 여러 가지 평가 척도에서 다각적
으로 행하라.


이제는 어느 기업이나 시니어 시장으로 진출하는 문제를 심
각히 고려하고 있다. 그런데 이 시장은 고도성장기와는 성격이
다르고 게다가 변화의 속도는 해마다 빨라지고 있다. 이 같은
상황에서 시니어 시장으로 뛰어들 때 필요한 것은 점점 더 강해
지는 시장의 다양성과 빠른 변화를 조직적이고 신속하게 뒤쫓
아 가는 적응력이다.

따라서 기업이 신규 사업에 뛰어드는 진정한 목적은 사업규
모의 확대보다는 시장 적응력의 확대에 있다고 할 수 있다.

# 스마트 시니어 시대

**맺음말**

1~7장에서 시니어 비즈니스의 현장에서 직면하는 벽은 시장의 다양성이 강화되어 가는 데 기인하는 벽과 그러한 시장에 유연하게 대응하지 못하는 조직의 벽이라는 두 가지 측면에서 이야기를 전개했다.

**1**_ 면밀히 시장 조사를 해도 고객의 요구가 파악되지 않는다.

　**: 시 장  조 사 의  벽**

**2**_ 애써 확보한 고객이 실제 고객으로 연결되지 않는다.

　**: 고 객  개 척 의  벽**

**3**_ 좋은 제품을 만들어도 생각만큼 팔리지 않는다.

　**: 상 품  영 업 의  벽**

**4**_ 시니어세대를 겨냥한 상품이 팔리지 않는다.

　**: 상 품  개 발 의  벽**

**5**_ 회원제 서비스에 가입한 회원을 붙잡아둘 수 없다.

　**: 고 객  유 지 의  벽**

**6**_ 많은 예산을 투자해도 수익이 오르지 않는다.

: **수익 향상의 벽**

**7**_사내에서 신규 사업을 시작하려고 할 때 벽에 부딪친다.

: **신규 사업의 벽**


여기에서 이들 벽이 왜 생겨나는지 다시 한 번 정리해보자.

고도성장기에는 상품의 선택권이 적었기 때문에 구매자의 소비행동도 제한되어 있었다. 많은 사람이 비슷한 수입으로 비슷한 주택에 살며 같은 차를 타고 회사보유의 휴양지에 여행을 가며 생활했다. 이 때문에 그 당시의 베이비붐 시장은 '균일한 매스마켓'이었다.

이에 반해 경제성숙기에는 상품의 선택권이 많기 때문에 구매자의 소비행동도 다양하게 나타난다. 구매자는 마음의 상태나 그 때의 사정에 따라 여러 가지 선택을 하게 된다. 이 때문에 베이비붐 세대에 속한 개인의 소비행동은 매우 다양하고 베이비붐 시장은 '다양한 미세 시장의 집합체'로 되었다.

이같이 고도성장기와 현대의 베이비붐 시장의 성질은 크게 달라졌다.

한편 고도성장기에 수익의 기초가 확립된 기업은 '균일한 매스마켓'에서 수익을 최대화하였던 체제와 시스템이 지금까지 이어지고 있다. 이 체제와 시스템 그대로 '다양한 미세 시장의 집합체'에서 수익을 최대화하고자 한다면 여러 가지 마찰이 발생하게 된다. 이 '마찰'이 지금까지 이야기 한 벽이다.

## 시장에 스마트 시니어가
## 늘어간다

나는 1999년 9월에 아사히(朝日)신문에 발표한 "스마트 시니어와 새로운 시장"이라는 글에서 다음과 같이 기술했다.

인터넷 선진국인 미국에서는 시니어세대의 인터넷 인구가 1300만 명(인터넷 인구의 16퍼센트)에 달한다. 따라서 인터넷을 종횡으로 활용하여 정보를 수집하고 적극적인 소비행동을 취하는 선진적인 '스마트 시니어'가 증가하고 있다.

이 스마트 시니어는 하루에 한 번, 매주 10시간 이상 인터넷을 사용하고, 젊은 세대보다 인터넷 통신판매에 적극적이고, 시장에서 자신의 목소리를 적극적으로 나타내는 특징을 보인다고 미국의 조사에서 나타났다.

일본에서도 이 같은 스마트 시니어가 증가하고 있다. 앞으로 이 스마트 시니어는 선구적인 소비자로서 다수의 일반 시니어 세대의 소비행동에 영향을 주어 액티브 시니어 시장을 리드해 갈 것으로 보인다.

이 칼럼은 6년 전에 쓴 것이라 지금 보기에 다소 미숙한 점이 있지만 그 시점에서의 예측을 이야기한 것이었다. 그때부터 6년이 지난 지금, 현실은 어떻게 변했는가?

가령 어떤 상품을 구입하는 경우는 인터넷에서 '가격닷컴'과 같은 가격비교 사이트를 이용하여 상품의 용도와 가격을 비교하여 자신이 구하고 있는 조건에 맞는 것을 구입한다. 또 몇 군데 여행 사이트를 이용하여 마음에 드는 여행상품을 선택하고 자신의 조건에 가장 적합한 것을 구매하여 여행에 나선다. 혹은 인터넷상에서 많은 경제 정보를 기초로 인터넷 증권 사이트에서 주식투자를 한다.

이 같은 현명한 소비자로서의 스마트 시니어는 확실히 증가 추세에 있다. 더욱이 최근에는 유료 양로원을 선택할 때도 인터넷을 이용하는 사람이 늘고 있다. 이러한 이용법은 6년 전에는 예상하지 못한 것이었다.

전에 도쿄의 한 국제회의에서 '유료 양로원협회 세미나'가 개최됐다. 33개 사의 협찬을 받아 열린 이 세미나는 60~70대를 중심으로 500명이 넘는 참가자가 몰려 대성황을 이루었다.

유료 양로원 시장은 비교적 새로운 시장이고 이전에는 고가인 것이 대부분이었고 공급량도 적어서 '만들면 팔리는 시장'으로까지 불리던 것이었다. 그런데 최근 수년간 급격하게 진입 기업이 증가하여 인기 있는 지역에서는 공급과잉 기미도 있고 소위 판매자 시장에서 구매자 시장으로 상황이 변해가고 있다. 결국 유료 양로원 시장도 구매자가 다양한 상품의 선택권을 갖는 시대로 된 것이다. 이같이 상품의 선택권이 증가하면 구매자의 눈도 높아져서 여러 정보를 수집하여 냉정하게 선택하게 된다.

한편 스마트 시니어가 증가한다는 것은 단순히 인터넷이나 휴대전화 등의 IT 기기를 활용하여 정보를 수집하는 시니어가 늘어났다는 것만은 아니다. IT 기기를 활용한 정보 수집력이 높아진 사람이 증가하면 그러한 사람들이 선구적인 소비자로서 다수의 일반 시니어의 소비행동에 영향을 주게 된다. 그 결과 IT 기기를 사용하지 않는 사람들도 상품에 대한 정보감각이 높아져 전보다 세심하게 정보수집에 주력하게 된다.

앞서 기술한 유료 양로원을 선택할 때 인터넷 이용자가 증가하고 있는 것과 세미나가 대성황으로 된 것에서 소비자의 질적 변화가 나타난다. 결국 '현명한 중고령의 소비자, 즉 스마트 시니어'가 점차 증가하고 있는 것이다. 그리고 중요한 것은 이러한 스마트 시니어는 앞으로 더욱 증가하리라는 것이다. 지금의 60대 이상의 사람들보다 정보를 사용하고 처리하는 능력이 뛰어난 베이비붐 세대를 중심으로 한 다음 세대가 시니어 층으로 편입되기 때문이다.

21세기는 스마트 시니어의 시대가 될 것이다.

## 스마트 시니어 시대에 기업에게 요구되는 것

그러면 스마트 시니어의 시대에 상품과 서비스의 제공자인 기업은 어떻게 해야 할 것인가? 그 답은 '기업은 점차 현명해지는 소비자보다도 더욱 현명해져야 한다'는 것이다.

예를 들면 전자제품을 사는 경우, 가령 매장에 가기 전에 인터넷에서 상품사양을 자세히 조사하고 가격도 비교해 본 뒤에 매장을 찾아가는 사람이 늘어났다. 이러한 구매자를 상대하는 경우 구매자의 질문에 점원이 정확하게 대답하지 못하면 점포의 신뢰도가 떨어진다.

여기에서 중요한 것은 고객의 질문 모두에 반드시 답해야 한다는 것은 아니다. 물론 점원이 그 상황에서 정확하게 답하는 것보다 좋은 것은 없다. 그러나 바로 답하지 못해도 "고객으로부터 받은 질문은 ○○에 관한 질문이네요. 이 질문에 대해서는 ○월×일 까지 담당자 ○○을 통해 꼭 답변을 드리겠습니다."라는 대응으로 고객의 신뢰를 손상시키지 않는 것이 무엇보다도 중요하다.

서비스제공자가 소비자보다도 더욱 현명해야 한다는 의미는 어떠한 경우에도 고객의 신뢰를 손상시키지 않고 고객의 기대 이상의 것을 제공할 수 있는 대응력을 갖춘다는 뜻이다.

한편 소비자가 다양화한다는 것은 스마트 시니어가 증가하는 한편 그렇지 않은 시니어도 존재한다는 것이다. 고령자는 흔히 사회적 약자로 간주됐고, 아직도 그런 인식이 뿌리 깊게 남아있다. 실제 여러 사기사건의 피해자에 고령자가 많고, 지진과 태풍 등의 자연재해의 피해자도 고령자가 많은 것이 사실이다.

얼마 전까지만 해도 디지털 격차라는 말이 자주 등장했다. 이 말은 디지털 기술의 보급에서 그것을 사용하는 사람과 그렇지 못한 사람 사이에 정보를 사용하는 능력의 차이가 확대된다는 의미였다. 컴퓨터를 잘 사용하는 사람은 고도의 사용방법을 습득하여 필요한 정보를 입수할 수 있게 된다. 이에 반해 컴퓨터를 사용하지 못하는 사람은 컴퓨터를 사용한 정보입수의 이점을 잘 모른다. 이 때문에 입수 가능한 정보가 제한된다.

이 디지털 격차 때문에 스마트 시니어 같은 적극적인 소비자가 증가해도 한편에서는 그 반대로 소극적인 소비자도 여전히 상당수 존재하게 된다. 따라서 앞으로는 이 같은 소극적 소비자의 수준을 향상시키기 위한 노력이 필요하다.

한편 스마트 시니어라는 말의 의미는 현명하게 소비하는 중고령자라는 것만은 아니다. '스마트(Smart)'란 본래는 '현명하다'는 뜻이지만 '지적이고 좋은 모습이다'라는 뉘앙스도 포함한다. 따라서 스마트 시니어는 '현명하고 지적이며 활기차게 노후를 살아가는 중고령자'라는 의미가 들어 있다. 스마트 시니어란 종래 고령자를 사회적 약자로 보던 것과는 달리 '현명하고 지적이며 활기차게 노후를 살아가는 21세기 형 시니어'의 비전이다.

예를 들면 회사를 퇴직하더라도 어떤 형태로든 일을 계속하며 사회에 공헌하거나 사회의 일원으로 살아가고 싶다는 의지를 지닌 사람이 증가하고 있다. 이러한 적극적인 생활방식을 지향하는 사람에 대해 그 사람의 경험과 경력을 활용할 수 있는 활동의 장을 제공하는 길을 만드는 것도 필요할 것이다.

현재 수도권의 어느 기업에서는 퇴직 비즈니스맨과 자녀교육을 마친 주부를 대상으로 자사의 서비스분야를 소재로 하여 창업지원을 실시하고 있다. 이러한 종류의 활동은 투자효과를 보기 어려워 기업들에서는 기피하는 경향이 강했다. 그러나 이 기업의 경우 이 같은 창업지원을 하는 것이 경쟁회사와의 차별화도 되고 매출 상승과 신규고객의 확대로 연결된다는 의미를 부여한 것이다. 이런 사고방식은 7장에서 기술한 '시장 적응력의 확대'라는 신규 사업의 목적과 일치한다고 할 수 있다.

이러한 활동은 시니어의 자립을 지원하는 것이다. 이 같은 시니어의 '자립지원'이야말로 이제부터 기업이 담당해야 할 일이며 동시에 그것은 기업에게도 새로운 비즈니스 기회를 만들어 내는 계기로 될 것이다.

## 에이징에 관한 올바른 인식이 필요

한편에서는 "스마트 시니어라는 사고방식은 훌륭하지만 그 같이 지적이고 품위 있게 노후를 사는 시니어는 거의 없다. 많은 시니어는 해가 갈수록 체력도 지력도 기력도 쇠퇴한다"고 말하는 사람도 적지 않다. 사실 이 같은 견해는 6년 전에 내가 스마트 시니어라는 말을 제창했을 때부터 존재했다.

이렇게 말하는 배경에는 '나이가 들면 쇠퇴하는 것'이라는 고정관념이 강하기 때문이다. 일반적으로 나이가 들면서 신체

기능이 쇠퇴하는 것은 사실이다. 그렇다고 해서 사고력과 판단력, 통찰력 등의 지적인 능력도 쇠퇴한다고 할 수는 없다. 오히려 해가 감에 따라 이런 능력이 발달되어 가는 사람도 있다.

이처럼 나이가 들면 쇠퇴한다는 고정관념에 빠지지 않기 위해서는 사람이 나이를 먹는 것, 결국 '에이징(Aging)'이라는 개념에 대한 올바른 이해가 필요하다.

에이징은 흔히 '고령화'로 번역되지만 본래의 의미는 사람이 나이를 먹는 것(나이 듦), 나이를 먹은 사람이 사회에 많아지는 것(사회의 고령화), 그리고 고령화에 의해 사회의 성질이 변화하는 것(세월의 경과에 따른 변화)을 말한다.

이러한 여러 가지 의미를 가진 말을 고령화라는 하나의 말로 압축시킴으로써 본래 가지고 있던 의미의 다양성을 잃게 되는 경우를 자주 본다.

에이징이라는 말은 지금까지 부정적인 측면이 강했다. 예를 들면 석유화학 플랜트와 발전 플랜트는 장기 가동하면 회전부가 마모되어 배관 등의 소재의 재질이 변화하여 부서지기 쉽다. 이같이 세월에 따른 약화는 설비의 에이징이다. 이것은 사고의 원인으로 되기 때문에 가능한 한 피하고 싶은 부정적인 측면이다. 이 때문에 설비의 약화에 대한 진단과 예방기술이 설비산업계의 중요한 테마로 되었던 것이다. 한편 인간의 육체도 나이가 듦에 따라 무릎 관절이 아프고 피부에 주름이 증가하게 된다. 몸의 기능도 세월에 따라 약화하는 것에서 기계설비와 같이 부정적인 측면이 부각돼왔다.

그러나 에이징에는 긍정적인 측면이 있다.

예를 들면 바이올린과 기타 등 목제악기의 에이징이 그것이다. 이들 악기는 처음 만들었을 때는 나무 중에 수분이 남아있기 때문에 음향이 그다지 좋지 않다. 그러나 몇 해가 경과하면 수분이 서서히 빠져나가고 대신에 악기의 표면에 칠해져 있는 니스가 잘 융합되어 간다. 이 과정을 에이징이라 부른다.

훌륭한 연주자가 연주를 하면 그 악기는 '좋은 소리'로 울리게 된다. 반대로 실력 없는 연주자가 연주하면 그 악기는 '좋지 않은 소리'로 울릴 것이다.

스트라디바리우스와 같은 명기는 악기 그 자체만으로 명기로 되는 것은 아니다. 명연주가의 연주를 통해 좋은 소리로 울려야 명기가 되는 것이다. 또 위스키는 오크통에서 오랜 시간 숙성시켜야 맛이 부드러워진다. 이것들도 숙성이라 불리는 에이징 덕택이다.

이같이 에이징이라는 말에는 본래 긍정적인 면과 부정적인 면이 함께 있다. 그러나 지금까지는 주로 부정적인 측면이 강조되어 왔다. 이에 대한 반발로서 에이징의 긍정적 측면을 강조하는 경향이 최근에 보인다.

예를 들면 가끔 사용되는 말 중에 포지티브 에이징이라는 말이 있다. 그러나 본래 '포지티브(Positive)'의 의미를 함축하고 있는 에이징이라는 말에 포지티브라는 수식어를 붙였기 때문에 의미가 중복된다. 또 '액티브 에이징'이라는 말도 이따금 들을 수 있다. 그런데 이 말은 에이징이라는 과정을 활성화한다 (activate)라는 의미로 된다. 그것은 긍정적인 측면도 부정적인 측면도 활성화한다는 의미로 되어 결코 긍정적인 측면만을 활성화하는 의미는 아니다.

그럼에도 불구하고 이런 말들을 사용해 에이징의 부정적인 측면을 불식시키려는 캠페인이 갈수록 넘쳐나고 있다. 최근 여기저기에서 눈에 띄는 '안티 에이징'이라는 말을 사용한 상품과 서비스의 캠페인이 그 전형이다. 안티 에이징의 개념은 본래 미국에서 수입되었다. 미국에서 안티 에이징이라는 개념의 배경에는 사람이 나이 드는 것, 결국 에이징을 부정적인 것으로 취급하는 에이지즘(연령차별)적인 견해가 있는 것이다.

따라서 에이징에 대한 이러한 견해는 시야가 좁다고 할 수밖에 없다. 에이징에는 전술한 대로 긍정적인 측면과 부정적인 측면의 양쪽이 다 있기 때문이다.

더욱 중요한 것은 에이징이란 고령자만의 현상이 아니라는 점이다. 방금 태어난 아기부터 100세 노인까지 누구에게나 해당되는 공통의 현상이다.

사람은 왜 나이가 드는 것일까? 태어났기 때문이다. 태어났기 때문에 신체의 신진대사가 일어난다. 신진대사는 신체를 구성하는 세포가 생성, 분열, 사멸을 반복하는 것으로 이것이 반복되는 결과 신체의 상태가 변화하는 것이다. 그리고 이 신체의 상태변화에 수반하여 사고력과 통찰력이라는 지적 능력과 정신적인 능력도 변화한다. 이들 변화가 에이징인 것이다.

결국 에이징은 살아있음을 증명하는 것이다. 따라서 안티 에이징이란 '살아있음을 부정'한다는 것이다. 이러한 오해가 생겨나고 있는 배경에는 본래 플러스와 마이너스 양면을 포함하는 에이징을 선과 악이라는 이원론적인 사고방식에서 판단하려고 하는 경직된 사고방식이 자리 잡고 있다. 이 같은 사고방식은 에이징이 지닌 그림자 부분은 은폐하고 빛의 부분만을 강조하는 것이다.

에이징을 선이냐 악이냐 라는 척도로 구분해서는 안 된다. 에이징의 좋은 면도 나쁜 면도 현실로 받아들여 이원론적인 대립을 뛰어넘어야 한다.


## 제론톨로지

에이징에 대한 학문으로서 체계화 된 것이 '제론톨로지(Gerontology)'이다. 이것을 흔히 '노년학(老年學)'으로 번역하지만 적당한 번역어라고 할 수는 없다. 나는 2005년의 일본노년사회과학회 대회에서 강연할 기회가 있었다. 강연의 테마는 "시니어 비즈니스의 동향과 미래, 다양성 시장에로의 적응력과 노년학의 역할"이었다. 이 강연에서 나는 시니어 비즈니스의 이야기 외에 일본에서 노년학의 사회적 인지도의 차이와 앞으로의 역할이라는 두 가지 점에 대하여 이야기 했다.

미국에서는 많은 대학에 노년학 강좌가 있어 노년학의 학위를 취득한 제론톨로지스트가 산업계에서 폭넓게 활약하고 있고 비즈니스에 그 의견이 깊게 반영되고 있다. 이에 반해 일본에서는 대학에서 노년학 강좌를 개설한 곳은 전국에 한 곳밖에 없다. 또 제론톨로지스트의 수도 극히 적고, 실제 활동도 거의 없다. 왜 일본에서는 지금까지 노년학이 발달하지 않았을까? 나는 다음의 세 가지 원인 때문이라고 생각한다.

첫째, 노년학은 노인이라는 것을 해명하는 학문으로 되어 '노인학'으로 인식돼왔다. 이 때문에 노년학은 평범한 학문이라는 인상이 강하다. 둘째, 노년학의 실질적인 중심이 소위 노년의학(Geriatrics)이고, 노인의 신체기능 저하와 인지증[15] 등에 연구의 주안점을 두기 때문에 극히 한정적인 학문으로 되었다. 셋째, 노년학 연구가 대학과 연구기관의 학자 중심으로 이루어져 산업계와의 연계가 약하고 노년학의 실용적 가치에 대한 사회적 공감을 확보하지 못했다.

앞의 두 가지 원인은 노년학이라는 말 때문에 생긴 오해이다. 노년학이란 영어의 제론톨로지의 번역어이다. 제론톨로지의 제론(Geron)은 그리스어 제라스(Geras, old age의 의미)가 어원이어서, 노년학으로 번역되었을 것으로 추측된다.

---

**15**_인지증(認知症)은 치매의 다른 표현이다. 치매라는 명칭이 모욕적이고 차별적인 의미를 담고 있어서 일본에서는 2004년 말부터 인지증이라는 용어로 바꿨다.

그런데 미국에서 제론톨로지의 정의는 '사람의 일생에 걸쳐 나이 듦(Aging)에 관한 과학적인 연구'라는 것이 일반적이다. 그것은 인류학, 생물학, 생화학, 경제학, 역사학, 의학, 간호학, 심리학, 사회학 등의 여러 학문이 연관된 분야이다.

이러한 정의에도 불구하고 일본에서는 노인에 관한 의학과 간호학이라는 영역이 연구 분야의 중심을 이루고 있다. 앞으로는 미국에서의 정의에 따라 노년학이 아닌 제론톨로지로 부르기로 하자.

한편 미국에서는 의사, 간호사만이 아니라, 은퇴자 커뮤니티의 설계자부터 마케팅 컨설턴트까지 제론톨로지스트가 폭넓게 활약하고 있다.

또 산업계의 경험에서 축적된 지식이 대학교육에도 반영되고 있다. 뉴욕 주 이사카(Ithaka)에 있는 이사카 대학의 제론톨로지 연구소에서는 인접한 양로원과 공동으로 각종 프로그램을 대학원 과정에 개설해 놓았다. 미국에는 제론톨로지를 핵심으로 하는 '지식의 순환 시스템'이 곳곳에 형성되어 있다.

그렇다면 어떻게 해야 우리 사회에서도 제론톨로지가 학문의 분야를 뛰어넘어 실제 비즈니스에 응용 가능할 것인가? 지금부터 제론톨로지에 뛰어드는 사람은 적어도 다음의 세 가지를 염두에 두어야 한다.

첫째, 제론톨로지는 노인을 위한 학문이 아니라 모든 세대를 위한 학문임을 인식해야 한다. 둘째, 제론톨로지는 학자를 위한 학문이 아니라 사회를 위한 실천학문이라는 것을 인식해야 한다. 셋째, 세계 어느 나라보다 일찍 고령국가에 접어든 일본에서 경험한 실용적인 지식을 제론톨로지에 반영하여 제론톨로지를 생생한 실천학문으로 발전시켜 나가야 한다.

일본의 고령화율은 이미 20퍼센트를 넘어서서 일본인 5명 중 한 명은 65세 이상이다. 한 나라의 고령화율이 20퍼센트를 넘어섰다는 것은 세계에서 유래가 없는 일이다. 이 고령국가의 행로를 전 세계인이 예의주시하고 있다.

일본은 이미 나온 연구결과에 얽매이지 말고 일본 사회에서 축적된 사례와 시행착오들을 통해 제론톨로지 분야를 이끌어 나갈 필요가 있다. 고령사회로 돌입하는 많은 나라에서 이것을 바라고 있을 것이다.

가끔 왜 ‘시니어 비즈니스’라는 말을 사용하느냐 하는 질문을 받는다. 시니어 비즈니스라는 말은 사람에 따라 받아들이는 방식이 다양하다. 기업의 신규 사업 담당 매니저의 대부분은 점점 위축되어가는 젊은 층을 겨냥한 비즈니스를 대신하여 새로운 비즈니스 기회를 상징하는 말로 받아들인다.

한편 중고령층 대부분의 인식은 이것과는 크게 다르다. 이전 ‘슬로우 네트(Slow Net)’라는 중고령층 지향의 커뮤니티사이트에 내가 쓴《시니어 비즈니스》의 서평이 다음과 같이 실렸다.

이 책은 2005년 5월에 간행되었고, 2007년 문제를 테마로 한 책으로는 선구라고 할 수 있다. 시니어 세대 그리고 곧 그 층으로 편입되는 베이비붐 세대를 대상으로 하는 비즈니스를 성공시킬 수 있는 철칙은 무엇인가라는 문제에 답한 내용이다. 시니어 세대를 상대로 어떻게 비즈니스를 성공시킬 것인가가 테마인데, 중고령층 독자에게 애당초 그다지 즐거운 것은 아닐 듯하다. 그럼에도 불구하고 굳이 여기에서 소개하는 것은 지금까지 시니어 세대가 뛰어들고 싶어

하는 '슬로우 워크'에 대한 단초를 몇 가지 보여주고 있기 때문이다

이 서평에서의 표현은 꽤 은유적이지만 중고령층 중에는 '시니어 비즈니스'라는 말에서 자신들이 땀 흘려 모은 재산을 편취하려고 하는 나쁜 상술을 떠올리는 사람도 적지 않을 것이다.

그러나 내가 '시니어 비즈니스'라는 말을 사용하는 이유는 따로 있다. 그것은 고령사회의 각종 문제의 해결은 보조금 등 적극적인 국비투입이 아니라 건전한 수익사업, 결국 '비즈니스'를 통해 이루어져야 한다는 생각이 있기 때문이다. 왜냐하면 일본과 같은 경제 선진국, 고령국가는 국비 투입형의 사회보장 정책으로는 이미 재정적으로 감당할 수 없기 때문이다.

다른 경제 선진국을 보면 복지라고 불리는 분야에도 점전 시장원리가 침투하고 있다. 어느 나라에서도 국비 투입형의 사회보장정책이 지속되기가 어렵기 때문이다.

국비란 국민의 혈세와 국채, 즉 차입금이다. 차입금의 사용은 결국 자손에게 막대한 청구서를 남겨둘 뿐이다. 그러나 다음 세대에 남길 수 있는 것은 막대한 차입금만은 아니다. 지금의 세대가 만들어 낸 지혜를 남겨주는 일도 의미 있는 일일 것이다.

저성장단계의 경제 선진국이 본격적인 고령사회에 돌입하는 지금이야말로 국비 투입형의 복지를 건전한 수익사업으로 적극적으로 전환시켜 가야 할 시점이다. 이를 위해서는 건전한 수

익사업으로서의 질과 양을 모두 한 차원 높여갈 필요가 있다. 이것을 위해 지혜를 모아가는 것이야말로 우리들이 다음 세대에 남겨줘야 할 것이다.

세계가 고령사회 일본을 주목하고 있다. 인접한 한국은 국가에 의한 노인수발 보험제도를 2008년부터 도입하려는 준비를 진행하고 있다. 이 준비를 위해 한국에 근접한 규슈 지역은 최근 한국에서 학생이 많이 방문하여 규슈의 요양시설 등을 견학하고 있다.

또 한국의 TV에서는 일본의 시니어 비즈니스 경험 중 흥미로운 사례들을 아침 뉴스 프로그램 등에서 자주 취급한다. 일본의 경험을 배우고 일본을 뛰어넘으려는 의지로, 마치 일본이 개호보험제도[16] 도입 전에 독일과 북구에 빈번하게 시찰단을 파견했던 것과 같은 상황이다.

한편 중국은 경제성장국의 이미지가 강하지만 그 이미지에 숨겨져 거의 알려지지 않은 것이 진전하는 고령화의 실태이다. 중국에는 일본의 총인구를 상회하는 1억 3400만 명이 이미 60세 이상이다. 이들이 2050년에는 4억 명을 넘어설 것으로 예측된다.

중국은 총인구가 12억 9000만 명이나 되기 때문에, 고령화

---

**16**_우리나라에서 2008년부터 시행 예정인 노인수발 보험의 일본식 명칭. 일본의 개호보험은 2000년부터 시행되었다.

비율에서는 일본이 높다. 그런데 실제의 고령자의 절대수가 차원이 틀리게 많다는 점과 일본에는 없는 복잡한 요인이 있는 것을 고려하면 중국의 고령화 충격이 얼마나 대단할지 쉽게 상상할 수 있다. 이러한 중국에서 전자제품 등의 소비재의 보급이 한 단계 마무리된 뒤에는 틀림없이 고령화에 대응한 상품과 서비스가 필요하게 될 것이다.

이미 북경 교외에 미국 고령자 거주 커뮤니티로서 유명한 선시티를 건설하는 이야기가 진행되고 있다. 또 상하이와 다롄 주변에는 부유층을 대상으로 한 고령자 전용 주택 건설의 이야기도 몇 건인가가 진행되고 있다.

미국도 일본의 고령화에 뜨거운 관심을 기울이고 있다. 미국에서는 백악관 주최로 10년에 한 번씩 '화이트하우스 컨퍼런스 온 에이징'이라는 대회가 열린다. 이 대회는 고령화에 대비한 미국 정부의 정책입안에 유익한 아이디어를 많은 국민으로부터 취합하는 것이 목적이다.

2005년이 10년 만에 대회가 열리는 해여서 많은 에이징 관련 단체들이 각종 회의를 진행하느라 분주했다. 2005년 3월 필라델피아에서 개최된 ASA(American Society on Aging)가 대표적 국제회의였는데 회기 중 '화이트하우스 컨퍼런스 온 에이징'에 제출할 제안사항들을 논의하는 모습을 많이 볼 수 있었다. 그때 빈번하게 화제로 되었던 것이 일본의 고령화 문제였다.

또 AARP는 2003년도부터 글로벌 에이징 프로그램이라는 세계 각국의 고령화를 연구하는 프로그램을 시작하여 2004년 가을에 런던에서 처음으로 국제회의를 개최했다. 나도 이 회의에 게스트 패널리스트로서 초대받아 참가했는데 회의에서든 식사 중에든 늘 많은 사람한테서 일본의 고령화에 관해 여러 가지 질문을 받는 등, 관심이 많음을 몸으로 실감했다.

세계가 주목하는, 세계에서 가장 빠른 고령국가 일본이 선두 주자로서 고령사회에 상응하는 상품, 서비스, 제도를 차례차례 만들어나가고 만들어낸 상품, 서비스, 제도가 성공적으로 고령화 문제에 대응하게 된다면 여러 나라에서 일본을 따라하게 될 것이다. IT 분야에서는 그것이 불가능했지만 시니어 비즈니스에서는 가능할 것이다.

그러나 우리들이 시니어 비즈니스로의 도전에서 주의해야 할 사항은 단순히 훌륭한 상품과 서비스를 제공하는 것에만 머물러서는 안 된다는 점이다.

1980년대 후반부터 버블 절정기의 90년경까지 일본의 경제력은 사상 최고에 달했고 세계가 주목했다. 그러나 그때 주목받은 것은 물밀 듯이 밀려나간 일본 제품이고 유감스럽게도 그것을 만들어낸 일본인은 아무런 주목도 받지 못했다. 나는 우치무라(內村鑑三)가 말한 다음 구절을 가끔 생각한다.

돈을 번다는 것은 개인의 사욕을 채우는 일이 아니라

하늘의 올바른 도리를 따르고

천지우주의 정당한 법칙을 따르는 길이며

국가를 위한 길이라고 생각하는 실업의 정신이

우리들 사이에 일어나기를 나는 바란다.


최근 유행인 '기업의 사회적 책임'이라는 말을 사용할 것도 없이 지금부터 100여 년 전에 우치무라가 했던 말에 실업의 정신, 즉 비즈니스의 정신의 의미가 담겨 있다. 시니어 비즈니스란 돈 많고 시간 많은 중고령층을 타깃으로 하는 돈벌이 사업이라는 의미가 결코 아니라는 것이다.

언젠가 일본의 시니어 비즈니스가 세계의 주목을 받는 날이 올 때 단순히 그 상품과 서비스의 훌륭함만이 주목되는 것은 아니다. 그것들을 만들고 경영하는 일본인의 '정신'이야말로 진정 주목받고 존경 받을 만한 것이다. 그것이 우치무라가 한 말의 의미이다. 그것을 위하여 초석을 세우는 것이 지금을 살아가는 우리들의 책임이고 후세에게 전해줄 최대의 유산인 것이다.

시니어 비즈니스에 대한 관심이 증폭되고 있다. 인구 구성의 고령화에 따라 시니어 계층이 급증하고 있기 때문이다.

우리나라도 이미 2000년도에 65세 이상의 인구가 전체인구의 7퍼센트를 넘어서 고령화 사회에 진입했고, 2018년에는 14퍼센트를 넘어서 고령 사회로, 2026년에는 20퍼센트를 넘어서는 초고령 사회로 진입할 것으로 예상하고 있다. 이러한 예상치도 출산율을 1.30 이상으로 높인다는 가정에서 나온 수치이다. 하지만 2005년도의 출산율은 최저치인 1.08을 기록하여 출산율을 높이는 특별한 조치가 취해지지 않는다면 우리 사회의 고령화는 더욱 가속화될 전망이다.

이웃 일본은 2006년도에 인구 다섯 명 중 한 명은 65세 이상, 열 명 중 한 명은 75세 이상인 초고령 사회로 진입하였고, 미국은 2019년도에 초고령 사회로 진입할 것으로 예상되고 있다. 중국도 2005년에 발표된 자료에 따르면 60세 이상 고령자 비율이 이미 10퍼센트인 1억 3000만 명이라고 하며, 2025년에는 2억 8000만 명으로 18.4퍼센트에 이를 것으로 전망하고 있다.

이렇듯 고령화 현상은 우리나라의 문제일 뿐만 아니라 전 세계적인 현상이기도 하다.

이웃 일본은 세계에서 가장 먼저 초고령 사회로 진입하여 세계적인 관심이 집중되고 있다. 초고령 사회에서의 정부와 기업 그리고 사회 구성원들의 도전과 응전의 실험장이기 때문이다. 일본은 2000년 4월부터 개호보험(우리나라에서 추진중인 노인수발 보험)이 실시되면서 시니어 비즈니스가 비약적으로 성장하고 있다. 그리고 시니어 비즈니스의 발전을 통해 세계 시장에서 시니어 비즈니스의 선진국이 되려 하고 있다.

우리 정부에서도 고령사회에 대비하여 여러 가지 대책 마련에 고심하고 있다. 많은 논란 속에 노인수발 보험이 2008년도부터 실시될 예정으로 시범 사업을 운영하고 있으며, 시니어 비즈니스를 고령친화산업으로 명명하고 요양산업, 기기산업, 정보산업, 여가산업, 금융산업, 주택산업, 한방산업, 농업 등 8개 부문을 중점적으로 육성한다는 계획을 수립하여 실행한다고 한다. 일본보다 뒤늦기는 했으나 우리나라도 노인수발 보험이 실시되는 2008년부터 시니어 비즈니스는 개화기를 맞이하여 2010년부터 본격적인 성장기를 맞이할 것으로 예상하고 있다. 시장규모도 2002년 6.4조 원에서 2010년에는 30.5조 원, 2020년에는 무려 115.7조 원으로 성장하여 전체 경제에서 차지하는 비중이 10.3퍼센트에 이를 것으로 예측된다.

결국 시니어 비즈니스는 미래형 성장 산업으로서 경제의 지속적인 성장과 고용창출에 커다란 기여를 하는 산업으로서 선택이 아니라 필수적으로 발전시켜야만 하는 핵심 산업이라는 것이다. 게다가 세계 시장을 겨냥할 수 있고 겨냥해야만 하는 글로벌 산업이기도 하다.

그러나 시니어 비즈니스는 단순히 시니어 세대를 소비 대상으로 하는 산업이라는 의미만 가진 것이 아니다. 단지 돈과 시간이 많은 고령자들의 호주머니를 열게 하는 것이 시니어 비즈니스라면 시니어 비즈니스는 소비자의 고령화에 따른 소비 주체의 교체에 불과한 의미밖에는 없을 것이다.

시니어 비즈니스가 미래형 산업으로서 의미를 갖는 이유는 고령 소비자의 요구에 따르는 상품과 서비스의 제공이라는 측면과 더불어 시니어 세대의 역할 부여와 적극적인 참여를 통하여 사회의 생산성을 유지 확대시켜 건강하고 활기찬 사회를 만들 수 있기 때문이다. 따라서 시니어 비즈니스의 운영 방식은 노인의, 노인을 위한, 노인에 의한 사업이 되어야 할 것이다. 시니어 세대도 여전히 자아실현에 대한 강한 욕구를 가지고 있으며 의미 있는 사회활동을 하고자 하는 강한 의지를 가지고 있다. 따라서 시니어 세대의 적극적인 참여를 이끌어내어 시니어 세대 안에서 상품과 서비스의 생산과 소비가 순환할 수 있는 구조를 갖출 때 비로소 완성된 시니어 비즈니스의 모델이 나타날 것이다. 그렇다고 하여 다음 세대의 참여를 배제한다는 것은 아니다. 시니어 세대 내에서의 선순환 구조를 이루면서 시니어 세대에서 해결하지 못하는 부분과 다음 세대에서 제공할 수 있는 부분이 조화를 이루어야 한다. 다음 세대에게는 시니어 세대에게 필요한 상품과 서비스의 제공을 통하여 고령자와 더불어 살아간다는 사회적 의미 부여와 함께 새로운 일자리의 창출이라는 기회를 제공할 것이다. 이를 통해 세대간의 화합을 이루어 낼 수 있는 좋은 기회도 제공될 것이다.

결국 시니어 비즈니스는 저소득층 등 사회적 약자에게는 사회 안전망으로 기능해야 하고 구매력 있는 시니어 세대에게는 안심하고 안전하게 활기찬 노후생활을 보낼 수 있는 상품과 서비스를 제공하면서 시니어 세대의 적극적인 사회 참여의 장을 만들어 내어야 한다.


이 책에 소개된 7가지 벽에 대한 이야기의 중심은 결국 시니어 세대의 자기 발견이다. 단순한 소비 대상으로서 시니어 세대를 파악하는 것이 아니라, 시니어 세대가 바라는 바를 그들의 눈을 통해 파악하고, 이를 바탕으로 시니어 세대에게 자기 역할을 부여하여 그들 스스로 참여하고 결정하는 구조를 일정 부분 갖추어야 시니어 비즈니스는 성공할 수 있다는 것이다.

그리고 필자도 수차례 강조하고 있듯이 시니어 비즈니스는 균일한 요구 사항을 가지고 있는 매스 마켓이 아니다. 시니어 세대의 다양하고 세분화된 요구사항을 충족시키기 위해서 시니어 비즈니스 역시 다양하고 세분화된 상품과 서비스를 제공해야 한다.

우리나라도 베이비붐 세대(1955-1963년생, 약 800만 명 정도)가 은퇴기에 접어드는 2010년부터 시니어 비즈니스는 새로운 전기를 마련할 것으로 예상된다. 이들 세대는 한국 경제의 발전과 민주화에 커다란 역할을 하였고, 자기주장도 그 전 세대에 비하여 분명한 세대이다. 따라서 이들 세대가 은퇴하고 시니어 세대에 편입하게 되면 시니어 세대의 자기주장도 강화될 것이고, 구매력도 크게 증가할 것으로 예상된다. 이들의 필요사항들을 지금부터 면밀히 조사하여 준비하는 기업이 시니어 비즈니스 시장에서 우위를 점할 것이라고 생각된다.

많은 기업들이 시니어 비즈니스를 준비하고 있다. 시니어 비즈니스는 매스 마켓이 아니라 다양하고 세분화된 시장이고, 시니어 세대의 마음을 움직여야 성공할 수 있는 시장이기 때문에 많은 정성과 시간이 필요할 것이다. 아직 불모지인 시니어 비즈니스에 뛰어들어 숱한 난관들에 부딪치며 새 영역을 개척해나갈 사람들에게 이 책이 많은 도움이 되리라고 본다.

**시니어 비즈니스 7가지 발상전환**

지은이 **무라타 히로유키**
옮긴이 **신수철**

**1판1쇄** 펴낸날 **2006년 12월 30일**

펴낸이 **이주명**
편집 **이성원 문나영**
디자인 **씨디자인**
출력 **문형사**
종이 **화인페이퍼**
인쇄 **한영문화사**
제본 **한영제책사**

펴낸곳 **필맥**
출판등록 제 **2003-63호**
주소 **서울시 서대문구 충정로 2가 184-4 경기빌딩 606호**
홈페이지 **http://www.philmac.co.kr**
전화 **02-392-4491**
팩스 **02-392-4492**

ISBN **89-91071-36-8(03320)**

잘못된 책은 바꾸어 드립니다.
값은 뒤표지에 있습니다.

이 도서의 국립중앙도서관 출판시도서목록(CIP)은
e-CIP홈페이지(http://www.nl.go.kr/cip.php)에서 이용하실 수 있습니다.
(CIP제어번호: CIP2006002820)